Hartmut Laufer

Vertrauen und Führung

Hartmut Laufer

Vertrauen und Führung

Vertrauen als Schlüssel zum Führungserfolg

Bibliografische Information der Deutschen Nationalbibliothek

Die Deutsche Nationalbibliothek verzeichnet diese Publikation in der Deutschen Nationalbibliografie; detaillierte bibliografische Daten sind im Internet über http://dnb.d-nb.de abrufbar.

ISBN 978-3-89749-670-5

Lektorat: Christiane Martin, Köln
Umschlaggestaltung: +malsy Kommunikation und Gestaltung, Willich
Umschlagfoto: Jolanda Cats & Hans Withoos/Corbis
Satz und Layout: Lohse Design, Büttelborn
Herstellung: BoD - Books on Demand, Norderstedt

© 2007 GABAL Verlag GmbH, Offenbach
Alle Rechte vorbehalten. Vervielfältigung, auch auszugsweise, nur mit schriftlicher Genehmigung des Verlages.

www.gabal-verlag.de
www.gabal-shop.de
www.gabal-ist-ueberall.de

Inhalt

Warum dieses Buch? 7

**1. Notwendigkeit von Vertrauen
   in Unternehmen** 11
Aktuelle Situation der Mitarbeiterführung 11
Schwindendes Vertrauen der Arbeitnehmer 16
Wandel der Mitarbeiteranforderungen 20
Mit weniger Personal mehr leisten müssen 22
Das teure Führungsmittel „Angst" 24
Zehn Führungstipps zur Vermeidung
   von Job-Ängsten 28
Funktion von Vertrauen in Gemeinschaften 30
Arten und Formen von Vertrauen 32
Balance zwischen Vertrauen und Misstrauen 35
Vertrauen bedingt Selbstvertrauen 37

**2. Aufbau von Vertrauen
   bei der Mitarbeiterführung** 41
Notwendigkeit von Vertrauen
   in der Mitarbeiterführung 41
Die Vertrauenswirklichkeit in Unternehmen 47
Der Regelkreis der Vertrauensbildung 49
Vertrauen prägt den Führungsstil 53
Vertrauensbildende Führungsgrundsätze 56
Offene Kommunikation statt Gerüchteküche 59
Glaubwürdige und motivierende Ziele 61
Wirkungsvolle Zielformulierung 65
Ziele vereinbaren statt vorschreiben 69
Delegation als Vertrauensbeweis 76
Verständnisvolles Umgehen
   mit Mitarbeiterwiderständen 83

Inhalt

Der schmale Grat zwischen Vertrauen
   und Manipulation **89**
Gefahren für das Vertrauensverhältnis **94**

3. Kontrolle ohne Vertrauensverluste **99**
Kontrolle aus arbeitswissenschaftlicher Sicht **99**
Kontrolle aus führungspsychologischer Sicht **101**
Mitarbeiterkontrollen trotz vertrauensvoller
   Führung . **105**
Die unterschiedlichen Kontrollarten **106**
Sechs Grundregeln für motivierendes
   Kontrollieren **109**
Herstellen einer vertrauensvollen Fehlerkultur **111**

**4. Vertrauensfördernde
und aufbauende Kritik** **116**
Sinn und Zweck von Mitarbeiterkritik **116**
Motivierungs- und Kritikgespräche
   als Führungsinstrumente **118**
Risiken und Erfolgsgrundsätze
   von Kritikgesprächen **120**
Vertrauen erweckendes Gesprächsverhalten **124**
Sorgfältige Gesprächsvorbereitung **130**
Ziel- und partnerorientierter Gesprächsaufbau **131**

5. Ein Wort zum Schluss **136**
Vertrauen – wichtiges Zukunftsthema
   unserer Gesellschaft **136**

Ergänzende Literatur **139**

Stichwörter **143**

Warum dieses Buch?

Während der zwei Jahrzehnte, in denen ich selbst Mitarbeiter zu führen hatte, machte ich immer wieder folgende Erfahrung: Mitarbeiterführung wird leichter und verschafft einem zunehmend ermutigende Erfolgserlebnisse, sobald es gelungen ist, zu seinen Mitarbeitern ein gesundes Vertrauensverhältnis aufzubauen. Je mehr ein Klima des gegenseitigen Vertrauens wächst, desto mehr kann man es riskieren, seine Mitarbeiter weitgehend selbstständig und eigenverantwortlich arbeiten zu lassen, ohne sie ständig zu kontrollieren. Desto mehr kann man sich dessen sicher sein, dass sie auch in Krisensituationen zu einem stehen. Man kann sich dann als Vorgesetzter auch einmal eine Fehlentscheidung oder schlechte Laune leisten, ohne dass die Mitarbeiter dies ausnutzen oder einem die Gefolgschaft aufkündigen. Wie man dieses Vertrauensverhältnis aufbauen und bewahren kann, ist daher seit Jahren ein zentrales Thema meiner Führungsseminare und bereits 1988 schrieb ich darüber meinen ersten Fachzeitschriftenaufsatz.

Allerdings ist Mitarbeitervertrauen ein Kapital, das nicht so leicht zu erwerben ist, aber schnell verspielt werden kann. Insbesondere Mitarbeiterkontrolle und Mitarbeiterkritik sind heikle Führungsmaßnahmen, mit denen in dieser Hinsicht viel Positives bewirkt werden kann, oft aber auch wertvolles Porzellan zerschlagen wird. Umso unverständlicher ist es, dass dem so wichtigen Aspekt des Vertrauens in der Mitarbeiterführung noch bis vor wenigen Jahren sowohl in der Führungskräfteentwicklung als auch in der Managementliteratur so wenig Beachtung geschenkt wurde. Es gibt unzählige Seminare und meterweise Bücher darüber, wie man Mitarbeiter motivieren soll. Hingegen wurde bisher

Warum dieses Buch?

kaum behandelt, welche wichtigen Funktionen das Mitarbeitervertrauen in der betrieblichen Zusammenarbeit hat und was man als Führungskraft beachten muss, um es sich nicht zu verscherzen und die Mitarbeiter nicht zu demotivieren. Dabei wäre schon viel erreicht, wenn es in Unternehmen wenigstens gewährleistet wäre, dass vorhandenes Motivationspotenzial der Mitarbeiter nicht durch Führungsfehler zunichtegemacht wird!

Nach meiner Kenntnis war Reinhard Sprenger der Erste, der sich in seinem 2002 erschienenen Buch „Vertrauen führt" (siehe ergänzende Literatur am Ende dieses Buchs) mit diesem Thema intensiv auseinandersetzte. Viele seiner Ausführungen haben mich bestätigt oder zu neuen Gedanken angeregt. Im vorliegenden Buch lege ich das Schwergewicht auf die Konsequenzen für den Führungsalltag und offeriere Ihnen dazu einige direkt umsetzbare Anregungen und Arbeitshilfen. Ich hoffe, Ihnen damit die heute so schwierig gewordene Aufgabe der Mitarbeiterführung ein wenig zu erleichtern.

Hartmut Laufer

Kontaktmöglichkeiten

Dipl.-Ing. Hartmut Laufer
MENSOR Institut für Managemententwicklung
und systemische Organisationsberatung GmbH
Postfach 30 36 30
10727 Berlin
Telefon: ++49 (0) 30 2629640
Fax: ++49 (0) 30 2625977
E-Mail: institut@mensor.de
Website: www.mensor.de

PS: Im Interesse des Leseflusses habe ich darauf verzichtet, bei Personen stets beide sprachliche Geschlechter zu nennen. Mit dem Mitarbeiter (als Gattungsbegriff) meine ich auch die weiblichen Beschäftigten und die Führungskraft kann biologisch gesehen natürlich auch ein Wesen männlichen Geschlechts sein.

1. Notwendigkeit von Vertrauen in Unternehmen

„Ohne Vertrauen abonniert niemand eine Zeitung, gründet niemand eine Firma oder setzt gar Kinder in die Welt."

Prof. Dr. Bernd Guggenberger,
Politikwissenschaftler und Philosoph

Aktuelle Situation der Mitarbeiterführung

In früheren Zeiten wurde Personalführung weitgehend als Machtausübung verstanden. Wer eine Führungsposition bekleidete, hatte die Aufgabe, Anordnungen zu erteilen und bei deren Nichtbeachtung die Betreffenden zu disziplinieren. Vorgesetzte bezogen ihre Autorität aus ihrem Wissensvorsprung sowie den Machtmitteln, die ihnen von Amts wegen übertragen waren. Das war nicht nur in staatlichen Organisationen wie Militär oder Polizei so, sondern galt auch für private Betriebe. Mit diesem Verständnis wurde in Industrieunternehmen ebenso geführt wie in kleinen Handwerksbetrieben. Wie die Rollenverteilung früher verstanden wurde, spiegelt sich auch im Sprachgebrauch wider: Während heute von „Mitarbeitern" die Rede ist, sprach man früher von „Untergeordneten" oder „Nachgeordneten" – bestenfalls von „Arbeitskräften".

Früher galt Mitarbeiterführung als Machtausübung

Die Vorgesetzten hatten innerhalb ihres Führungsbereichs das alleinige Sagen, Widerspruch wurde nicht geduldet. Dabei bezogen sich die Anordnungsbefugnisse nicht allein auf

1. Notwendigkeit von Vertrauen in Unternehmen

die Arbeitsvorgaben. Auch im Hinblick auf fundamentale Wertmaßstäbe und allgemeine Verhaltensweisen setzten die Führenden die Normen, an denen sich die Arbeitskräfte zu orientieren hatten. Derartige Vorgaben konnten bis in das Privatleben reichen: Staatsdiener waren noch bis in die Mitte des vorigen Jahrhunderts hinein sogar für ein achtunggebietendes Verhalten ihrer Familienmitglieder verantwortlich. Stellte der Dienstvorgesetzte ein „sittenwidriges" Verhalten der Ehefrau eines Beamten fest, wurde dieser selbst disziplinarrechtlich belangt!

Geändertes Rollenverständnis

Erst während der Jahre nach dem Zweiten Weltkrieg wurde dieses traditionelle Führungsmodell allmählich abgelöst. Veränderte gesellschaftliche und wirtschaftliche Rahmenbedingungen führten dazu, dass die Rolle der Führungskraft im Arbeitsprozess heute anders definiert wird und sich die Machtverhältnisse gewandelt haben. Während die Arbeitnehmerrechte erheblich gestärkt wurden, stehen den Führungskräften heute deutlich geringere Machtmittel zur Verfügung. Führungskräfte und Mitarbeiter stehen sich wesentlich gleichberechtigter gegenüber. Beide Partner sind auf den guten Willen des anderen angewiesen.

Die Verschiebung der Machtverhältnisse stellt naturgemäß gesteigerte Anforderungen an die persönliche Eignung der Führungskräfte. Jeder erfahrene Führungspraktiker wird bestätigen, dass es während der letzten Jahrzehnte zunehmend schwieriger geworden ist, Mitarbeiter zu optimalen Arbeitsleistungen und einer loyalen Haltung gegenüber dem Unternehmen zu führen.

> Nie waren die Anforderungen an die sozialen Kompetenzen von Führungskräften so hoch wie heute.

Diese sich grundlegend gewandelte Führungssituation dürfte auf fünf Hauptursachen zurückzuführen sein:

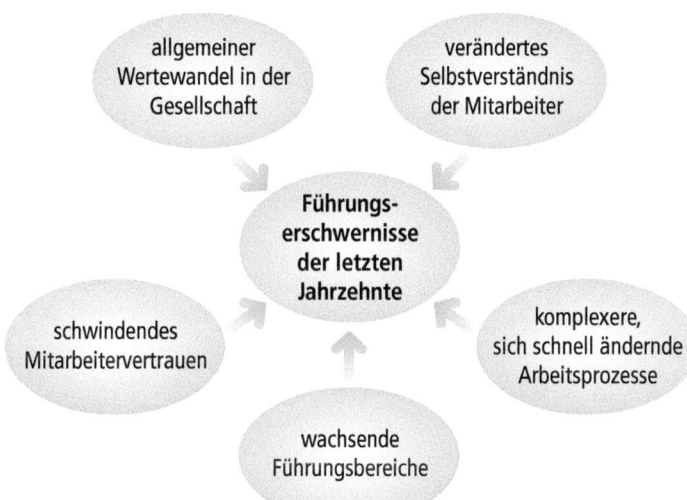

Allgemeiner Wertewandel in der Gesellschaft

Während der letzten Jahrzehnte hat der Stellenwert von Arbeit in den allgemeinen Wertvorstellungen im Vergleich zu Freizeit, Familie und Hobby kontinuierlich abgenommen. Selbst Topmanager sehen heute nicht mehr den alleinigen Sinn ihres Lebens im beruflichen Erfolg.

Wer sich heutzutage als Führungskraft darauf beschränkt, permanent an das Pflichtgefühl seiner Mitarbeiter zu appellieren, wird daher nur noch milde belächelt. Begriffe wie Selbstverwirklichung, persönliches Wachstum oder Lebensqualität haben heute einen weit höheren Stellenwert in der Werteskala der Menschen. Diese Realitäten zu ignorieren führt zu einem wirklichkeitsfremden Führungsverhalten und zu fragwürdigen Führungsmaßnahmen. Es geht nicht darum, dass Mitarbeiter die gleichen Wertvorstellungen haben

1. Notwendigkeit von Vertrauen in Unternehmen

wie ihre Vorgesetzten. Es ist lediglich wichtig, ihre Anschauungen zu kennen, um diese bei der Wahl der Führungsmaßnahmen und Führungsmittel zu berücksichtigen.

> **Es ist müßig, Mitarbeitern ihre Wertvorstellungen ausreden zu wollen. Vielmehr gilt es, diese zu akzeptieren und die daraus resultierenden Mitarbeiterbedürfnisse in Rechnung zu stellen.**

Geändertes Selbstverständnis der Mitarbeiter

Die Demokratisierung unserer Gesellschaft in der Nachkriegsgeschichte, persönlichkeitsfördernde Erziehungsmethoden, höhere Bildungsabschlüsse und eine verbesserte wirtschaftliche Absicherung haben ein geändertes Selbstverständnis der Mitarbeiter wachsen lassen. Die Mitarbeiter sind selbstbewusster geworden und beanspruchen mehr persönliche Rechte. Sie legen heute stärkeren Wert darauf, als mündige Partner behandelt zu werden. Will man realitätsbezogen und partnerschaftlich führen, kommt man nicht umhin, diese Entwicklung zu berücksichtigen.

> **Wenn man die Zustimmung und das Vertrauen seiner Mitarbeiter gewinnen will, muss man deren Selbstverständnis berücksichtigen und ihre Selbstwertgefühle respektieren.**

Komplexere, sich schnell ändernde Arbeitsprozesse

Die Arbeitsaufgaben und -anforderungen sind wesentlich vielfältiger und komplexer geworden und sind einem schnelleren Wandel unterworfen denn je. Innerhalb kurzer Zeitspannen werden neue Verfahren und Technologien entwickelt, ändern sich ganze Berufsbilder und entstehen völlig neue. Fachwissen veraltet immer schneller. Demzufolge gibt es heute kaum noch Vorgesetzte, die in der Lage sind, selbst im eigenen Zuständigkeitsbereich alle Details zu kennen, geschweige denn sie zu beherrschen. Kommt es zum Beispiel in einer Fertigungsabteilung zu einem Maschinenausfall, kann heutzutage selbst der zuständige Maschineneinrichter den Fehler oft nicht beheben, sondern es muss der Service des Maschinenherstellers bemüht werden. Und auch dieser schickt dann vielleicht einen ganz bestimmten Spezialisten, je nachdem ob es sich um einen mechanischen oder elektronischen Defekt handelt.

Führungskräfte sind heute in hohem Maß auf das aktuellere Fachwissen ihrer spezialisierten Mitarbeiter oder frisch ausgebildeten Nachwuchskräfte angewiesen – und damit auch auf deren guten Willen.

Um ihre Kosten zu senken, haben die meisten Unternehmen auch die Zahl ihrer Führungskräfte reduziert und teilweise ganze Führungsebenen eingespart. Mit der Folge, dass die Führungsspannen, das heißt die Zahl der nachgeordneten Mitarbeiter, sowie die fachlichen Zuständigkeitsbereiche gewachsen sind. Somit kann sich ein Vorgesetzter heutzutage seinen einzelnen Mitarbeitern nicht mehr so intensiv widmen wie früher. Zwangsläufig muss er sie entsprechend selbstständiger arbeiten lassen und kann ihre Arbeit nur noch sporadisch kontrollieren. Die Reduzierung der Mitarbeiterkontakte führt aber auch zu einer Anonymisierung der Führung, was das Entwickeln dauerhafter Vertrauensbeziehungen erschwert (siehe folgender Abschnitt).

Wachsende Führungsbereiche

Wegen steigender Arbeitsbelastung müssen die meisten Führungskräfte heutzutage ihren Zeitaufwand für Anweisungen und Kontrollen reduzieren und auf die Zuverlässigkeit ihrer Mitarbeiter vertrauen.

1. Notwendigkeit von Vertrauen in Unternehmen

Schwindendes Vertrauen der Arbeitnehmer

Vertrauen durch Firmenbindung

In früheren Zeiten existierten Firmen in aller Regel viele Jahrzehnte lang, feierte so manches Unternehmen sein 100-jähriges Bestehen. Das galt nicht nur für namhafte Konzerne wie Siemens, Bosch oder Opel, sondern auch für die zahlreichen kleinen und mittleren Familienunternehmen, die oft über mehrere Generationen hinweg vererbt wurden. Somit war es nahezu die Normalität, wenn Menschen während ihres gesamten Berufslebens in ein und derselben Firma arbeiteten. Viele Firmen legten sogar Wert darauf, dass auch die Kinder ihrer Beschäftigten später ihren Arbeitsplatz in der Firma fanden. Das vermittelte den Beschäftigten ein starkes Gefühl der Sicherheit und Geborgenheit. Hatten sie erst einmal in einem dieser Betriebe Fuß gefasst, konnten sie darauf vertrauen, bis zum Ruhestand dort einen gesicherten Arbeitsplatz zu haben. Außerdem waren sie mit den Strukturen und Gepflogenheiten im Unternehmen bestens vertraut und konnten konkrete und realistische Vorstellungen für ihren Berufsweg entwickeln. Sie identifizierten sich entsprechend stark mit der Firma und entwickelten häufig ein elitäres Bewusstsein. Voller Stolz pflegte man im Schwäbischen zu sagen: „Mir schaffe beim Daimler!" So wie man es schon vom Vater und Großvater gehörte hatte.

Vertrauen durch staatliche Absicherung

Dieses Sicherheitsgefühl aufgrund langfristiger Bindung an einen bestimmten Arbeitgeber sowie einer konkreten und langfristigen beruflichen Perspektive verstärkte sich in der Bundesrepublik Deutschland durch das sogenannte Wirtschaftswunder. Der Arbeitskräftemangel in den Jahren der Hochkonjunktur gepaart mit ausgeweitetem gesetzlichen Kündigungsschutz garantierte jedem halbwegs Qualifizierten und Arbeitswilligen einen Arbeitsplatz. Unverschuldeter Arbeitsplatzverlust wurde geradezu undenkbar und die Arbeitseinkommen stiegen stetig. Die Menschen entwickelten ein nahezu blindes Vertrauen in das Wachstumspotenzial der sozialen Marktwirtschaft. In der DDR wuchs ein ähnliches Sicherheitsdenken dadurch, dass die Befriedigung der existenziellen Bedürfnisse der Bürger – wenn auch auf einem niedrigeren Niveau – staatlich gesichert wurde: Der Staat wies jedem einen Arbeitsplatz zu, organisierte die Wohnungsvergabe, sorgte für einheitliche Nahrungsmittelpreise und entschied vielfach über die Berufsausbildung oder das Studium des Einzelnen. Zwar schränkte das die persönliche Freiheit der Bürger ein, aber sie konnten darauf vertrauen, dass der Staat alle wichtigen Angelegenheiten regelt.

Umso schockierender traf es die Menschen, als es infolge des wirtschaftlichen Abschwungs in der Bundesrepublik (und damit auch für die Bürger der ehemaligen DDR) in den 1990er-Jahren zu ersten Entlassungen in größeren Dimensionen kam. Das ursprünglich stark ausgeprägte Sicherheitsgefühl wich schnell einer zunehmenden Verunsicherung. Heute kann kaum jemand mehr darauf vertrauen, auch im nächsten Jahr noch einen Arbeitsplatz bei seinem momentanen Arbeitgeber zu haben – geschweige denn, mit gewohntem Arbeitsinhalt. Selbst Beamte können sich heutzutage nicht mehr darauf verlassen, nicht eines Tages in einen völlig anderen Verwaltungsbereich versetzt oder vorzeitig in den Ruhestand verabschiedet zu werden.

Vertrauensschwund durch Arbeitsplätzemangel

Auch wenn ein Unternehmen keinen aktuellen Anlass für einen Personalabbau sieht, können die Beschäftigten sich nicht mehr sicher sein, in naher Zukunft von keiner Entlassungsaktion betroffen zu werden. Und das nicht nur, weil auch momentan gesunde Branchen und Unternehmen in unserer Zeit der schnellen wirtschaftlichen Veränderungen schon morgen in existenzielle Schwierigkeiten geraten können: Immer häufiger werden Vorstände aufgrund hoher Börsenkurserwartungen der Aktionäre genötigt, durch kostensenkende Massenentlassungen neue Rekordgewinne in Aussicht zu stellen.

1. Notwendigkeit von Vertrauen in Unternehmen

Vertrauensverluste durch permanente Veränderungen

Hinzu kommen Verunsicherungen der Mitarbeiter durch häufige und oft drastische Umorganisationen der Unternehmen. Selbst wenn dadurch eine Weiterbeschäftigung nicht infrage gestellt wird, bedeutet es doch, dass die betroffenen Mitarbeiter ihre Arbeitsgewohnheiten ändern oder sogar völlig neuartige Tätigkeiten übernehmen und möglicherweise auch ihren Wohnort wechseln müssen. Nicht immer ist es für die Mitarbeiter nachvollziehbar, warum eine Organisationsänderung tatsächlich erforderlich war. Oft drängt sich der Eindruck auf, man ändere nur um des Änderns willen und weil es üblich geworden ist. Es soll schon vorgekommen sein, dass in Unternehmen nach mehreren aufwendigen Umorganisationen schließlich wieder die früheren Zustände hergestellt wurden. Manchmal sind Umstrukturierungen von Unternehmen ebenfalls auf den Erwartungsdruck der Aktionäre zurückzuführen: Sobald eine Aktiengesellschaft verkündet, „sich neu aufstellen zu wollen", wird dies von der Börse mit einer Kurssteigerung honoriert. Ähnliche Auswirkungen haben die vielen Firmenzusammenschlüsse bzw. -übernahmen. Logischerweise richten sich derartige Änderungsprozesse gegen die Sicherheitsbedürfnisse der Beschäftigten, sodass diese sich mit ihrem Arbeitsplatz und dem Unternehmen immer weniger identifizieren können. Was gestern noch „mein" Arbeitsplatz und „meine" Firma war, ist mir heute fremd und heißt möglicherweise auch anders: Aus der Firma „Daimler-Benz" wurde „Daimler-Chrysler", der Arbeitgeber „Deutsche Bundespost" ist heute die „Deutsche Telekom" und die dortige Dienststelle „Geschäftskundenbetreuung" heißt plötzlich „Customer Care Back Office GK"!

Vertrauensschwund aufgrund von Managementfehlern

Veränderungen sind nichts grundsätzlich Schlechtes und daher abzulehnen. Ganz im Gegenteil – ohne Veränderungen kein Fortschritt. Außerdem kann sich in unserer Zeit der schnellen technischen, wirtschaftlichen und gesellschaftlichen globalen Wandlungsprozesse kein Unternehmen da-

von ausnehmen. Was aber das schwindende Mitarbeitervertrauen anbelangt, ist es oft die Art und Weise, wie die Veränderungen vollzogen werden, wenn zum Beispiel
- die Mitarbeiter nicht rechtzeitig über bevorstehende Entwicklungen informiert werden,
- sie bei unpopulären Vorhaben bewusst getäuscht werden oder
- mit ihnen bei Änderungsmaßnahmen unsensibel, manchmal geradezu menschenverachtend umgegangen wird.

Insbesondere durch bewusste Desinformation und Täuschung verspielen Unternehmen ihre Glaubwürdigkeit. Die Mitarbeiter reagieren dann auf jegliche Firmenbekanntmachungen oder Versprechungen grundsätzlich misstrauisch und sind für alle Negativgerüchte empfänglich.

Nur mit einer verständnisvollen und vertrauenswürdigen Personalführung kann der allgemeinen Verunsicherung der Mitarbeiter und dem Verlust der Glaubwürdigkeit von Unternehmen entgegengewirkt werden.

Angesichts dieser tief greifenden Wandlungsprozesse sind echte und dauerhafte Führungserfolge mit dem traditionellen Vorgesetztenmodell nicht mehr möglich. Führungskräfte sind heute in einem weit höheren Maß vom guten Willen und der Zuverlässigkeit ihrer Mitarbeiter abhängig, als das in früheren Generationen der Fall war. Diese Voraussetzungen sind aber nur auf der Basis des gegenseitigen Vertrauens denkbar. Eine moderne Führungskraft sollte sich daher nicht als Herrscher, sonder als Partner seiner Mitarbeiter verstehen.

Konsequenzen für das Führungsverständnis

1. Notwendigkeit von Vertrauen in Unternehmen

> **Der allmächtige, allwissende und allgegenwärtige Vorgesetzte gehört der Vergangenheit an.**

Wandel der Mitarbeiteranforderungen

Das traditionelle Arbeitnehmerbild

Hätte man bis Mitte des vorigen Jahrhunderts Vorgesetzten die Frage vorgelegt, welche Persönlichkeitseigenschaften sie von ihren Arbeitskräften erwarten, hätten sie mehrheitlich Merkmale wie Gehorsam, Fleiß, Ordnungsliebe, Höflichkeit, Pünktlichkeit und Ehrlichkeit als die anzustrebenden Tugenden genannt. Auch die Kirche predigte früher: „Bete und arbeite!" Wer fleißig arbeitete, galt als guter Mensch und hatte gute Chancen auf einen Platz im Himmel.

Der heute benötigte Mitarbeitertyp

Auf der Grundlage derartiger Arbeitshaltungen alleine kann heute ein Unternehmen, das halbwegs anspruchsvolle Produkte erzeugt oder Dienstleistungen erbringt, im Wettbewerb mit der Konkurrenz nicht mehr mithalten. Gerade in Deutschland, einem Land, das weltweit nur mit innovativen und hochwertigen Leistungsangeboten bestehen kann, werden in erster Linie verantwortungsbewusste und kreative Arbeitskräfte benötigt. Das bedeutet keinesfalls, dass die traditionellen Arbeitstugenden heute bedeutungslos geworden sind oder gar als Untugenden gelten. Auch heute wird ein Vorgesetzter Wert darauf legen, dass seine Mitarbeiter pünktlich zur Arbeit erscheinen und am Arbeitsplatz Ordnung halten. Doch werden Pünktlichkeit und Ordnungsliebe – sieht man von ausgesprochen zeitabhängigen oder diffizilen Tätigkeiten ab – nicht mehr als entscheidende Tugenden für den Arbeitserfolg gesehen.

Fragt man die Teilnehmer von Führungsseminaren, welche Eigenschaften und Fähigkeiten sie von ihren Mitarbeitern erwarten, um die aktuellen und in naher Zukunft zu erwartenden Aufgaben erfüllen zu können, so ergibt sich daraus – unabhängig von der Unternehmensbranche und -größe – stets folgendes Anforderungsprofil:

- Verantwortungsbewusstsein
- Selbstbewusstsein
- Selbstständigkeit
- Engagement
- Kreativität
- kritisches (Mit-)Denken
- Flexibilität
- Teamfähigkeit

Aus diesem Anforderungsprofil lässt sich folgende tendenzielle Aussage herleiten:

> **Mitarbeiter sollen heutzutage fähig sein, unternehmerisch zu denken und selbstständig zu handeln. Das aber setzt voraus, dass man ihnen vertraut und etwas zutraut!**

Das liegt nicht nur im Unternehmensinteresse, sondern dient auch dem persönlichen Erfolg der einzelnen Führungskraft. Sinngemäß sollte der vorstehende Leitsatz sowohl für das individuelle Führungsverhalten gelten als auch für die gesamte Führungskultur des Unternehmens.

Diese unter den heutigen Bedingungen erwünschten Mitarbeitereigenschaften können jedoch keineswegs als selbstverständlich vorausgesetzt werden. Individuelle Lebenserfahrungen haben häufig zu andersartigen Einstellungen und Arbeitsgewohnheiten geführt. Es bedarf einer zielbewussten und vertrauensvollen Führung, damit Mitarbeiter die anzustrebende Arbeitshaltung entwickeln können. Dazu sind Geduld und Ausdauer erforderlich. Selbst die eigenen Verhaltensgewohnheiten und Anschauungen zu verändern, fällt schwer – wie ungleich schwerer ist es dann, dies bei anderen Menschen zu bewirken!

Mitarbeitereignung muss erst entwickelt werden

1. Notwendigkeit von Vertrauen in Unternehmen

Diskrepanzen zwischen Anspruch und Wirklichkeit

Bei Mitarbeiterbefragungen nach der Führungskultur im Unternehmen zeichnet sich jedoch vielfach ein Bild, das im krassen Widerspruch zu diesem Wunschdenken steht:

> Der Führungsstil in deutschen Unternehmen ist oftmals nicht geeignet, den unter den heutigen Gegebenheiten notwendigen Mitarbeitertyp zu entwickeln, sondern verhindert ihn geradezu.

In den beiden folgenden Abschnitten wird auf diese Widersprüchlichkeiten näher eingegangen und werden die Ergebnisse einiger Untersuchungen hierzu geschildert.

> Jede Führungsmaßnahme ist daran zu messen, inwieweit sie das Entwickeln der heutzutage benötigten Mitarbeitereigenschaften fördert oder dem eher entgegenwirkt.

Mit weniger Personal mehr leisten müssen

Konsequenz des Personalabbaus

Schwieriger werdende Märkte, aber auch die Gewinnerwartungen der Unternehmenseigner führen zu ständigen Bemühungen um Kostensenkungen. Sind die organisatorischen und technischen Rationalisierungspotenziale ausgeschöpft, bleiben dann nur noch Personalreduzierungen. Das hat jedoch folgende Konsequenz: Mit weniger Personal sollen die Führungskräfte die gleichen, möglichst sogar höhere und bessere Leistungen erzielen, damit das Unternehmen im Wettbewerb bestehen kann! Diese geradezu paradox klingende Forderung kann einzig und allein mit einem gesteigerten Mitarbeiterengagement erfüllt werden.

Das verdeutlicht eine simple Gleichung:

$$\frac{\text{Zahl der Mitarbeiter} + \text{Mitarbeiterengagement}}{\text{Leistungsniveau}} = \frac{\text{reduzierte Zahl der Mitarbeiter} + \text{erhöhtes Mitarbeiterengagement}}{\text{gleich hohes Leistungsniveau}}$$

Der Schlüssel zum Erfolg liegt hierbei einzig und alleine in den Händen der Führungskräfte. Sie müssen tagtäglich das Kunststück vollbringen, bei ihren Mitarbeitern Verständnis für die marktbedingten Leistungszwänge zu wecken und sie trotz ungünstiger werdender Rahmenbedingungen immer wieder von Neuem zu motivieren. Nur dann kann die schwierige Rechnung aufgehen, mit verminderter Mitarbeiterzahl das Leistungsniveau zu halten oder sogar zu steigern.

Doch nicht selten operieren Unternehmensleitungen und Führungskräfte genau in die entgegengesetzte Richtung. So mancher meint, bei dem gegebenen Arbeitsplatzmangel mit verstärktem Druck und unter Androhung des Arbeitsplatzverlustes höhere Leistungen von den Mitarbeitern erzwingen zu können. Manche Vorgesetzten glauben es sich heute leicht machen und mit dem schlichten Mittel der Angst führen zu können.

Fatales Führungsmissverständnis

Bei einfachen, leicht zu überwachenden manuellen Tätigkeiten funktioniert das vielfach auch – zumindest eine gewisse Zeit lang. Handelt es sich aber um anspruchsvollere, komplexe Arbeitsaufgaben, bei denen Begeisterungsfähigkeit, Risikofreude und Kreativität gefragt sind, führt ein derartiges Führungsverhalten zu einem kontraproduktiven Mitarbeiterverhalten. Die Ängstlicheren werden zu angepassten und risikoscheuen Jasagern oder flüchten schlimms-

Angepasste Jasager oder Verweigerungen

tenfalls in die innere Kündigung, andere neigen zu Trotzreaktionen und opponieren, während die hoch qualifizierten und besonders engagierten Leistungsträger die nächste Gelegenheit wahrnehmen, sich einen anderen Arbeitsplatz zu wählen. Genau diese Arbeitshaltungen aber können in schwierigen Zeiten zum Niedergang eines Unternehmens führen!

> Gerade in wirtschaftlich schwierigen Zeiten ist es eine existenzielle Notwendigkeit, durch vertrauensvolles Führungsverhalten echtes Mitarbeiterengagement zu fördern, statt es durch Druckmittel aufs Spiel zu setzen.

Das teure Führungsmittel „Angst"

Angst wirkt leistungsmindernd

Werden trotz des ständigen Androhens des Arbeitsplatzverlustes die gewünschten Leistungssteigerungen nicht erreicht, wird auch schon mal ein Exempel statuiert und werden bei passender oder auch unpassender Gelegenheit einige Leistungsschwache oder vermeintlich Unwillige gekündigt. Abgesehen davon, dass bei dem noch immer starken Kündigungsschutz Entlassungen schwierig sind und kostenträchtige Verwaltungsakte erfordern, haben sie für die Produktivität langfristig gesehen oft gegenteilige Effekte: Das Vertrauen der verbleibenden Mitarbeiter zur Unternehmensleitung und den verantwortlichen Führungskräften wird erschüttert, was leistungsmindernde Auswirkungen auf die allgemeine Arbeitszufriedenheit und Verantwortungsbereitschaft hat.

Zwar zeigen die Beschäftigten in einem Klima der Angst oft tatsächlich gesteigerte Aktivitäten, jedoch handelt es sich dann häufig um keinen echten, erfolgsgerichteten Leistungswillen. Die Mitarbeiter bemühen sich lediglich den Schein zu wahren, um keine Schwierigkeiten zu bekommen oder auf einer „schwarzen Liste" zu landen. Beispielsweise werden freiwillig Überstunden gemacht, bei denen es aber mitunter nicht kontrollierbar ist, ob während dieser Zeiten tatsächlich Leistungen für das Unternehmen erbracht werden oder unbeobachtet im Internet gesurft wird, Privatarbeiten erledigt oder Computerspiele gespielt werden.

Werden Mitarbeiter undifferenziert und ohne Einfühlungsvermögen unter Druck gesetzt, entwickelt sich im Laufe der Zeit eine Arbeitshaltung gemäß dem Motto „Dienst nach Vorschrift". Nach einer Gallup-Studie waren im Jahr 2006 nur noch 13 Prozent der deutschen Arbeitnehmer mit ihrer Arbeit zufrieden und identifizierten sich voll mit ihrem Arbeitgeber. Sage und schreibe 68 Prozent machten nur noch Dienst nach Vorschrift und 19 Prozent hatten bereits innerlich gekündigt. Diese durch Führungsfehler ausgelöste passive Arbeitshaltung verursacht in Deutschland gemäß der Studie einen jährlichen gesamtwirtschaftlichen Schaden in Höhe von 250 Milliarden Euro! Man kann die Genauigkeit einer solchen Zahl infrage stellen, sie verdeutlicht aber auf alle Fälle eine alarmierende Dimension.

Verluste durch „Dienst nach Vorschrift"

Bereits in den 1990er-Jahren hatten die beiden Wirtschaftswissenschaftler Winfried Panse und Wolfgang Stegmann von der Fachhochschule Köln den Versuch unternommen, die finanziellen Auswirkungen von Mitarbeiterängsten in Unternehmen zu quantifizieren. Sie kamen damals zu dem Aufsehen erregenden Ergebnis, dass die Angst vor einem Arbeitsplatzverlust oder vor Arbeitsplatzveränderung sowie Versagens- und Konkurrenzängste in Unternehmen die deutsche Wirtschaft jährlich 50 Milliarden Euro kostet – nachzulesen in ihrem 1998 erschienenen Buch „Kostenfaktor Angst" (siehe ergänzende Literatur am Ende dieses Buchs). Dabei hatten die Forscher in dieser Summe nicht

Angst als Kostenfaktor

1. Notwendigkeit von Vertrauen in Unternehmen

einmal die finanziellen Folgen durch innere Kündigung oder Krankheitsausfälle berücksichtigt, weil darüber damals noch keine gesicherten Erkenntnisse existierten. In ihrem 2004 veröffentlichten Buch „Angst – Macht – Erfolg" (siehe ebenfalls ergänzende Literatur) beziffern sie auch diese Kostenfaktoren und kommen nunmehr auf eine Gesamtsumme der jährlichen angstbedingten Kosten von 100 Milliarden Euro! Sicher spielt bei der Verdoppelung der Kostenhöhe auch der wirtschaftliche Abschwung der letzten Jahre und die dadurch bedingte Zunahme der Ängste vor Arbeitsplatzverlust eine maßgebliche Rolle. Die Gesamtsumme gliedert sich wie folgt auf:

- angstbedingter Medikamentenkonsum
- angstbedingter Alkoholkonsum
- Mobbingprozesse
- angstbedingte Fehlzeiten
- innere Kündigungen

Angst als Führungsfehler

Es ist unzweifelhaft, dass Angst den Menschen zu enormen Kraftanstrengungen treiben kann. Es stellt sich daher die Frage, warum selbst so existenzielle Bedrohungen wie ein zu befürchtender Arbeitsplatzverlust zumindest langfristig gesehen nicht zu den zu erwartenden Leistungssteigerungen in Unternehmen führen. Der Gießener Psychologieprofessor Ingwer Borg kam durch sein Forschungsprogramm, bei dem mehr als 10.000 Beschäftigte befragt wurden, zu dem Schluss, dass sich eine schleichende Angst vor Arbeitsplatzverlust (also keine akute und konkrete Entlassungsgefahr) keineswegs positiv, sondern schädlich auf die Arbeitsmotivation auswirkt. Die Untersuchungsergebnisse veranlassten ihn sogar zu der Schlussfolgerung, dass es einer der schlimmsten Managementfehler überhaupt ist, wenn Vorgesetzte versuchen Druck auszuüben, indem sie andeuten, der Arbeitsplatz der Mitarbeiter sei gefährdet.

Das teure Führungsmittel „Angst"

In welchen Regionen und Unternehmen auch immer die Befragungen durchgeführt wurden, erbrachten sie eine auffällige Übereinstimmung: Mitarbeiter, die sich bei der Bewertung der Sicherheit ihres Arbeitsplatzes positiv äußerten, beurteilten auch alle anderen Aspekte ihrer Arbeit und ihrer Arbeitsstelle positiv. Sie vertrauten darauf, dass sich ihre Firmenleitung und die Führungsriege fair verhalten würden. Ganz im Gegenteil zu den Befragten, die ihren Arbeitsplatz für unsicher hielten. Deren Einstellung zu ihrer Arbeitssituation und zum Unternehmen als Ganzes war durchgängig negativer. Das ging sogar so weit, dass sie die Qualität der Produkte bzw. Dienstleistungen ihrer Firma sowie die Preise und den Kundenservice deutlich schlechter einschätzten als Kollegen, deren Arbeitsplatz nicht infrage gestellt war.

Eine akute Bedrohung kann aktivieren, permanente Verunsicherung jedoch lähmt.

Dabei war es nahezu unerheblich, ob der Arbeitsplatz objektiv gefährdet war oder den Betreffenden nur das Gefühl vermittelt wurde. Man bezeichnet dieses psychologische Phänomen als „vorweggenommene Trauer": Im Unterbewusstsein versuchen die Betroffenen, ihre Ängste vor den Folgen eines Arbeitsplatzverlustes dadurch zu kompensieren, dass sie die Attraktivität ihres Arbeitsplatzes abwerten. Durch die Grundeinstellung, der momentane Arbeitsplatz sei ohnehin „ein blöder Job in einer miesen Firma mit schlechten Produkten und unfähigen Vorgesetzten", lässt es sich mit der Bedrohung einer möglichen Entlassung besser leben. Zu dieser Art der Verdrängung neigen paradoxerweise insbesondere solche Mitarbeiter, die sich ehemals mit ihrer Arbeit stark identifizierten – also gerade die wertvollsten Leistungsträger! Gerade sie reagieren extrem sensibel auf Verunsicherungen.

Umbewertung für das seelische Wohlbefinden

Bedeutung für das Vertrauensklima

Was hat das nun alles mit dem Thema Mitarbeitervertrauen zu tun? Um uns sicher zu fühlen, also nicht ängstlich zu sein, müssen wir darauf vertrauen können, dass die Gesellschaftssysteme, Organisationen oder Menschen, auf die wir angewiesen sind, es nicht schlecht mit uns meinen und wir in Notsituationen auf deren Unterstützung rechnen können. Das trifft natürlich in besonderem Maß auf die berufliche Situation zu, die in aller Regel unsere Existenzgrundlage bildet. Dazu gehören die Organisation bzw. das Unternehmen, für das wir arbeiten, sowie die Führungskräfte, die über unseren Arbeitsalltag bestimmen. Werden diese Erwartungen jedoch enttäuscht, wird das Vertrauensverhältnis zwischen Führung und Mitarbeitern beschädigt. Man könnte den bekannten Filmtitel „Angst essen Seele auf" auch umformulieren in „Angst essen Vertrauen auf".

> **Vertrauen kann nur im angstfreien Raum gedeihen.**

Zehn Führungstipps zur Vermeidung von Job-Ängsten

Der zuvor zitierte Professor Borg hat folgende Empfehlungen formuliert:

1. Als Vorgesetzter müssen Sie Sicherheit und Vertrauen vermitteln. Belasten Sie Ihre Mitarbeiter so wenig wie möglich mit „Was-wäre-wenn"-Spekulationen.

2. Führen Sie planerische Vorüberlegungen in engstem Kreise durch, solange Ihre Mitarbeiter daraus noch keine konkreten Handlungen ableiten können. Achten Sie auf strengste Vertraulichkeit.

Zehn Führungstipps zur Vermeidung von Job-Ängsten

3. Stimmen Sie im Management die Unternehmensziele sorgfältig ab, und setzen Sie Prioritäten. Dieser Bauplan muss den Mitarbeitern unmissverständlich nahegebracht werden. Es muss klar sein, wie die Ziele untereinander zusammenhängen. So ist die Vorgabe „Wir müssen sparen" oder „Wir müssen konkurrenzfähig bleiben" für sich allein noch kein hinreichendes Ziel.

4. Sorgen Sie dafür, dass wichtige Entscheidungen des Managements störungsfrei in alle hierarchischen Ebenen kommuniziert werden. Übersetzen Sie Ihre Ziele plastisch in verstehbare Bilder.

5. Jeder Mitarbeiter muss wissen, welche Konsequenzen die Unternehmensziele für seinen konkreten Arbeitsbereich haben. Informieren Sie deshalb rechtzeitig und umfassend. Unterscheiden Sie auch in der Kommunikation deutlich zwischen den Wegen zum Ziel (Strategien) und dem Ziel selbst.

6. Das General Management ist auf das Sachwissen vieler Abteilungen und Spezialisten angewiesen, um zielsicher entscheiden zu können. Nutzen Sie daher die Kompetenz ihrer Mitarbeiter, wo immer möglich.

7. Kommen Sie den Zukunftserwartungen Ihrer Mitarbeiter auf die Spur. Befragen Sie deshalb Ihre Mitarbeiter regelmäßig, und steuern Sie eventuellen Fehleinschätzungen rechtzeitig entgegen.

8. Verunsichern und verärgern Sie Ihre Mitarbeiter nicht durch das Setzen falscher Signale. Wenn etwa für die Geschäftsleitung neue Firmenwagen angeschafft werden, während gleichzeitig Arbeitsplätze gefährdet sind, kann das katastrophale Folgen für die Motivation haben. Opfer sollten nicht nur von den unteren Chargen gefordert werden.

9. Verzögern Sie für Ihre Mitarbeiter schmerzliche Maßnahmen nicht, wenn sie unvermeidlich sind. Zögerlichkeit wirkt sich schlimmer aus als harte, schnelle Schnitte.

10. Machen Sie anstehende Veränderungen transparent, um die „Gerüchteküche" nicht unnötig anzuheizen. Konkrete Projektpläne sollten explizit und ausführlich erläutert werden.

Funktion von Vertrauen in Gemeinschaften

Menschliche Zweck- und Notgemeinschaften

Menschliche Gemeinschaften bilden sich üblicherweise, um gemeinsam bestimmte Ziele zu verfolgen oder Erreichtes gemeinsam zu bewahren und zu schützen. Das gilt für ganze Völkergemeinschaften ebenso wie für Wirtschaftsunternehmen, Fußballvereine oder Wohngemeinschaften. Indem jedes Gemeinschaftsmitglied seine spezifischen Fähigkeiten und Ressourcen einbringt und alle sich gemeinsam anstrengen, lassen sich Aufgaben bewältigen, zu denen der Einzelne nicht oder nur mit erheblichem persönlichem Aufwand in der Lage wäre.

Gegenseitiger Nutzen

Damit Organisationen erfolgreich funktionieren, muss zwischen den Beteiligten ein ausgewogenes Geben und Nehmen gewährleistet sein. Jeder, der etwas zum gemeinsamen Vorhaben beiträgt, will darauf vertrauen können, dass sich auch die anderen engagiert einbringen und er für sich selbst einen angemessenen Nutzen erzielt. Wird dieses Vertrauen nicht gerechtfertigt, wird er seine Leistungen reduzieren oder sich von der Gemeinschaft gänzlich verabschieden. Vertrauen ist eine zwingende Voraussetzung für die Harmonie innerhalb menschlicher Gesellschaften und demzufolge auch für die reibungslose Zusammenarbeit in einem Unternehmen, was wiederum eine Bedingung für den Unternehmenserfolg ist.

Dieses so wichtige gegenseitige Vertrauen ist jedoch alles andere als eine Selbstverständlichkeit! Im Gegenteil: Aufgrund einer ererbten „Urangst" vor Unbekanntem sowie gemachter schlechter Lebenserfahrungen neigen wir dazu, uns fremden Menschen gegenüber im Zweifel eher misstrauisch zu verhalten. Obwohl wir selbst ein natürliches Bedürfnis nach Vertrauen haben, schenken wir es anderen nicht so ohne weiteres.

Wie kommt es trotz dieser Vorbehalte dennoch zu Vertrauen? Was ist Vertrauen überhaupt? Normalerweise vertrauen wir erst dann, wenn uns etwas nicht mehr unbekannt ist und wir damit keine schlechten Erfahrungen gemacht haben. Das kann eine Person oder Personengruppe sein, mit der wir wiederholt Umgang hatten, oder eine bestimmte Situation, die wir so oder so ähnlich schon einmal erlebt haben. Vertrauen in diesem engeren Sinn ist also nicht von vornherein gegeben, sondern entsteht erst durch Bestätigung eigener Erwartungen oder Hoffnungen. Je häufiger die Bestätigung, desto stärker und vorbehaltloser wird das Vertrauen. Somit lässt sich der Begriff „Vertrauen" auch folgendermaßen definieren:

Entwicklung von Vertrauen

Vertrauen bedeutet, es als eher unwahrscheinlich einzuschätzen, benachteiligt oder getäuscht zu werden.

Will man selbst in einer neuen personellen Konstellation ein Vertrauensverhältnis aufbauen oder von einem anderen überhaupt erst einmal eine erste Vertrauensbestätigung erhalten, bleibt einem nichts anderes übrig, als sich auch ohne jegliche Erfahrung zunächst ein Stück weit auf das Geschehen einzulassen.

1. Notwendigkeit von Vertrauen in Unternehmen

Mut und Grundvertrauen sind nötig

Dieser erste, besonders risikobehaftete Schritt ist letztlich ein Akt unbegründeten Vertrauens. So betrachtet entsteht Vertrauen doch nicht ausschließlich durch bestätigte Erwartungen, sondern erfordert ein gewisses Potenzial an Mut sowie Grundvertrauen in das Leben. Meistens versuchen wir dieses Anfangsrisiko zu minimieren, indem wir uns an Vergleichbarem orientieren. Das können sein:

- unsere Erfahrungen aus ähnlichen Begebenheiten
- allgemein gültige Regelungen oder abgesichertes Fachwissen
- Ratschläge oder Empfehlungen anderer

> Am Beginn einer Vertrauensbildung steht immer ein Risiko. Man muss einen „Vertrauensvorschuss" einbringen: ohne Einsatz kein Gewinn!

Arten und Formen von Vertrauen

Das Wort „Vertrauen" ist ein vieldeutiger Begriff und je nachdem, worauf man ihn bezieht, lassen sich unterschiedliche Arten von Vertrauen benennen.

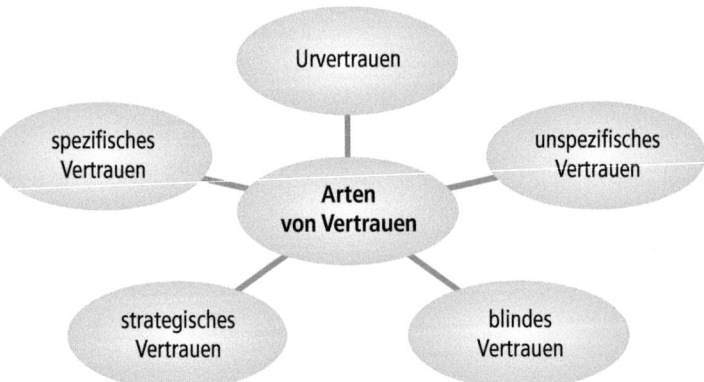

Urvertrauen

Bereits unmittelbar nach unserer Geburt machen wir unsere Ersterfahrungen mit Vertrauen. Wir beginnen darauf zu vertrauen, dass es Menschen gibt, die unser Überleben sichern, dass unsere Eltern für Nahrung sorgen und uns vor Gefahren schützen. Wir lernen bald, uns darauf zu verlassen, dass nach der Nacht ein Tag und nach dem Winter ein Frühling folgt. Dieses natürlich gewachsene Vertrauen nannte der Psychologe Erik H. Eriksen das „Urvertrauen", nämlich das Vertrauen in die Beständigkeit der Welt.

Eine erste Lebenserfahrung

Es ist vermutlich der Grund dafür, warum wir trotz mancher Enttäuschungen letztlich doch immer wieder vertrauen. Warum wir uns immer wieder darauf verlassen, dass Eisenbahnen halbwegs pünktlich verkehren und nicht von Brücken stürzen und dass es auch morgen wieder die Zeitung und frische Brötchen geben wird. Es ist uns zur Selbstverständlichkeit geworden, dass menschliche Gesellschaften funktionieren, indem sich alle auf andere verlassen, und wir akzeptieren es, auf die Leistungen vieler anderer angewiesen zu sein. Letztlich bleibt uns auch nichts anderes übrig, wenn wir ohne permanente Existenzängste durchs Leben gehen und unsere Bedürfnisse auf bequeme Weise befriedigen wollen.

Spezifisches Vertrauen

Anders geartet als das diffuse Urvertrauen ist ein auf bestimmte Bereiche begrenztes Vertrauen. Die Bereiche können durch gesellschaftliche Regelungen, typische Lebensumstände oder bestimmte Personenmerkmale wie Fachkompetenz, besondere Machtbefugnisse oder Charaktereigenschaften definiert sein. Wenn wir in einem speziellen Zusammenhang gute Erfahrungen gesammelt haben, werden wir fremden Menschen oder Situationen, die ähnliche Merkmale aufweisen, zumindest auf diesen begrenzten Bereich bezogen vertrauen.

1. Notwendigkeit von Vertrauen in Unternehmen

Vertrauen ist immer irgendwie begrenzt

Selbst einem zuverlässigen guten Freund werden wir normalerweise nicht grenzenlos vertrauen. Auch wenn er ein noch so geschickter Schreiner ist, werden wir ihm nicht ohne guten Grund das Einrichten unseres neuen Computers oder das Ausfüllen unserer Steuererklärung anvertrauen. Mehr oder weniger unbewusst wird unser Vertrauen im Umgang mit anderen nahezu immer in diesem Sinn begrenzt sein. Auch wenn wir jemandem in einer bestimmten Situation unser volles Vertrauen schenken, kann es sein, dass wir ihm in einem anderen Zusammenhang nicht über den Weg trauen.

Unspezifisches Vertrauen

Ein unspezifisches Vertrauen hingegen erwächst nicht aus konkreten Erfahrungen, sondern beruht vor allem auf einer besonders starken gefühlsmäßigen Beziehung. Das kann die große Liebe, eine enge familiäre Bindung oder kampferprobte Kameradschaft sein oder aus der grenzenlosen Bewunderung einer überzeugenden Persönlichkeit herrühren.

Strategisches Vertrauen

Grenzbereich zur Manipulation

Im Gegensatz zum herkömmlichen, idealisierenden Vertrauensbegriff steht das zielbewusst eingesetzte strategische Vertrauen. Damit ist gemeint, dass man einem anderen auch ohne besondere Vorbedingungen bewusst Vertrauen entgegenbringt, um auch ihn zu einem vertrauensvollen Verhalten zu ermutigen. Dass man ihm einen Vertrauensvorschuss anbietet, um auf diese Weise an sein Gewissen und seine Anständigkeit zu appellieren und ihn als Partner zu gewinnen. Man spekuliert darauf, dass er sich mit Vertrauen revanchiert und sich der eigene Vertrauensvorschuss auszahlt.

Dieser berechnende Vertrauensvorschuss ist nüchtern betrachtet eine Manipulation. In wohlmeinender Absicht eingesetzt, kann diese Strategie jedoch durchaus ein legitimes Mittel sein, um zu einer für beide Seiten nützlichen Kooperation zu gelangen. Allerdings ist die Grenze zur negativen Manipulation fließend: Strategisches Vertrauen wird manchmal zur Täuschung missbraucht und der andere bewusst zur Leichtgläubigkeit und damit Leichtfertigkeit verleitet.

Blindes Vertrauen
Als blindes Vertrauen bezeichnet man im Allgemeinen ein Vertrauen aus Bequemlichkeit, Gedankenlosigkeit oder Leichtsinn. Es blendet jegliches Misstrauen und damit jede Vorsicht aus. Enttäuschungen und Konflikte sind dadurch vorprogrammiert.

> **Ein Vertrauensvorschuss ist Vertrauen auf Probe, das sich allerdings erst rechtfertigen muss, um zu einer echten Partnerschaft zu führen.**

Balance zwischen Vertrauen und Misstrauen

Mangelndes Vertrauen kann nur ersetzt werden durch bis ins letzte Detail geregelte Vorbedingungen und eine lückenlose Kontrolle. Ein solches Zusammenwirken ist völlig auf die Sachebene reduziert und missachtet fundamentale emotionale Bedürfnisse. Persönliche Wertschätzung, gesellschaftliche Geborgenheit und zwischenmenschliche Harmonie bleiben auf der Strecke. Die Beteiligten werden auf Dauer unzufrieden und entwickeln kein echtes Partnerschaftsgefühl. Spätestens beim Auftreten von Schwierigkeiten erweist sich die Brüchigkeit derartiger Beziehungen: Statt sich im Interesse des Ganzen gegenseitig zu unterstützen, versucht jeder, sich noch stärker abzusichern. Statt alle Energien für

Folgen fehlenden Vertrauens

die Problembewältigung zu mobilisieren, werden sie für Rechtfertigungen und gegenseitige Schuldzuweisungen verschwendet. Es kommt zu unnötigen Konflikten bis hin zu bewusst schädigendem Verhalten oder Sabotageakten, was sich zwangsläufig negativ auf die gesamte Zielerreichung auswirkt.

Vertrauen birgt Risiken – Misstrauen aber auch!

Notwendigkeit von Misstrauen

Ein uneingeschränktes Vertrauen ohne jegliche Vorsicht („blindes Vertrauen") führt, wie schon gesagt, mit hoher Wahrscheinlichkeit irgendwann zu einer Enttäuschung. Es gibt nun mal keine Partnerschaft, aus der beide Seiten ausschließlich Vorteile ziehen können. Irgendwann wird auch der blind Vertrauende sehend und bemerkt, dass er leichtfertig etwas hergegeben hat. Er ist enttäuscht, wenn er erkennen muss, nicht angemessen profitiert zu haben, oder feststellt, dass er sogar draufgezahlt hat. Meist wird er die Schuld dafür dann nicht nur bei sich selbst suchen, sondern auch den Partner verantwortlich machen, was bis zum Bruch der Beziehung führen kann.

Auf die Ausgewogenheit kommt es an

Bei allem Vertrauen ist daher stets auch ein angemessenes Maß an Vorsicht angebracht, sollte man ein sogenanntes „gesundes" Misstrauen hegen. Damit eine wie auch immer geartete Kooperation auf Dauer bestehen kann, darf der Blick für die möglichen Risiken nicht verstellt sein. Bei allem Optimismus ist ein Minimum vorsorglicher Absprachen oder Regelungen unverzichtbar. Die Partner müssen sich hinsichtlich ihrer unterschiedlichen Erwartungen rechtzeitig austauschen, um sie gegenseitig berücksichtigen zu können.

> Allerdings ist blindes Vertrauen wesentlich seltener anzutreffen als unbegründetes Misstrauen.

Die Balance zwischen wünschenswertem Vertrauen und zweckdienlichem Misstrauen sorgt dafür, dass ein bestehendes Vertrauensverhältnis nicht zerstört wird, sondern dass es wachsen kann.

> **Tragfähige Partnerschaften und Vereinbarungen erfordern ein ausgewogenes Verhältnis von Vertrauen und Misstrauen, von Risikobereitschaft und Kontrolle.**

Vertrauen bedingt Selbstvertrauen

Vertrauen birgt stets das Risiko des Missbrauchs durch andere und steigert die eigene Verwundbarkeit. Demzufolge erfordert Vertrauen Mut und die nötige Portion Selbstvertrauen. Das gilt für beide Seiten: Wirkt der Vertrauensgeber wankelmütig und wenig selbstbewusst, wird auch der andere zweifeln und es ihm schwerfallen zu vertrauen. Mangelt es wiederum dem Vertrauensnehmer an Selbstvertrauen, wird er sich auf einen Vertrauensvorschuss nur zögerlich einlassen und nicht so leicht mit eigenem Vertrauen reagieren.

Vertrauen erfordert Risikobereitschaft

Wohl jeder wünscht es sich, selbstbewusst zu sein und Selbstvertrauen zu haben. Doch wie erwirbt man es? Kann man es trainieren? Dazu wäre zunächst einmal zu klären, was „Selbstvertrauen" bedeutet und wie es entstehen kann.

1. Notwendigkeit von Vertrauen in Unternehmen

Vertrauen in eigene Fähigkeiten

Wie das Wort besagt, bedeutet Selbstvertrauen, sich selbst bzw. den eigenen Fähigkeiten trauen zu können. Das betrifft unter anderem das weite Feld der erlernten Kenntnisse und Fertigkeiten. Hat man bei deren Anwendung in der Praxis hinreichend oft erfahren, diese Fähigkeiten tatsächlich zu besitzen und erfolgreich zu sein, werden anfängliche Selbstzweifel schwinden. Diese Komponente des Selbstvertrauens lässt sich also durch den Erwerb von Fähigkeiten, also durch zielgerichtetes Lernen, beeinflussen.

Mut zum Risiko

Bei der zweiten Komponente des Selbstvertrauens ist das schon problematischer. Hier geht es um den Mut, sich in ungewisse und damit risikobehaftete Situationen zu begeben. Die Chance des Erfolgs ist dabei stets mit der Möglichkeit des Misserfolgs gepaart. Hat man in derartigen Situationen überwiegend Erfolgserlebnisse, wird das die Risikobereitschaft und das Selbstvertrauen steigern. Also sollte man sich möglichst oft Erfolgserlebnisse verschaffen. Dazu gehört, es bewusst wahrzunehmen, wenn man eine riskante Situation gemeistert hat, und stolz darauf zu sein – sich selbst zu loben, wenn es schon kein anderer tut!

Persönliche Erfolgsbewertung

Ob man erfolgreich war oder nicht, ist nicht alleine vom absoluten Ergebnis abhängig, sondern in hohem Maß von der eigenen Bewertung der Situation: Was der eine als Misserfolg betrachtet, weil er sein Maximalziel verfehlt hatte, bewertet ein anderer vielleicht als persönlichen Erfolg, weil er im Rahmen seiner begrenzten Möglichkeiten immerhin ein Teilziel erreichen konnte oder sich gegenüber früheren Fällen hatte steigern können. Doch selbst wenn man einen klaren Misserfolg erleiden musste, sollte man sich nicht entmutigen lassen, sondern die Chance wahrnehmen, daraus zu lernen und konstruktive Schlüsse für die Zukunft zu ziehen.

Bei einer positiven und lernbereiten Grundeinstellung können sowohl Erfolge als auch Misserfolge zur Entwicklung des Selbstvertrauens beitragen.

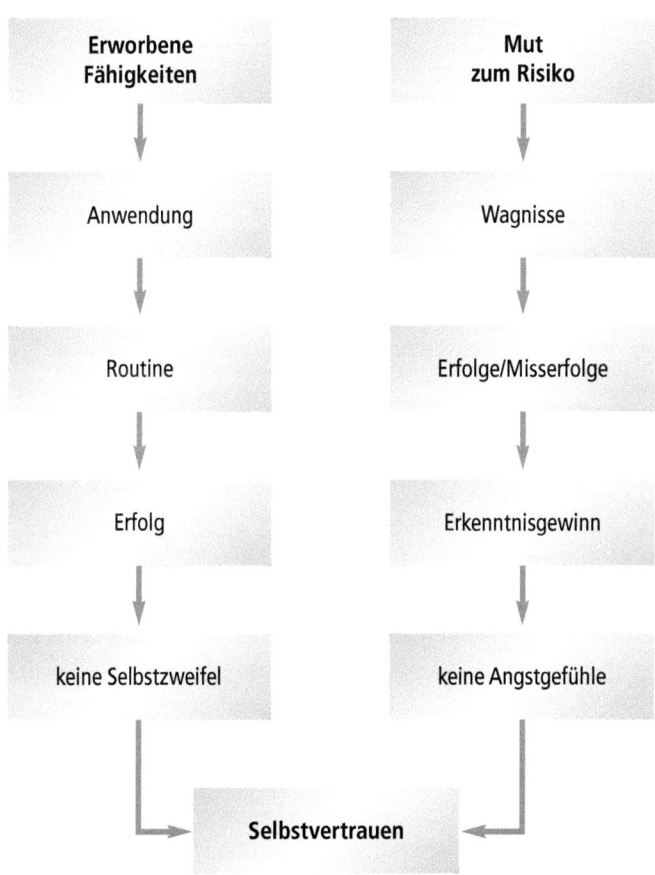

1. Notwendigkeit von Vertrauen in Unternehmen

Fest steht jedoch:

> Ohne Wagnisse einzugehen, gewinnt man keine neuen Erkenntnisse, welche die Ängste vor Ungewissem abbauen und das Selbstvertrauen steigern können.

Wer neue Ufer erreichen will, muss sich nun mal aufs offene Meer hinauswagen. Damit sind aber keine tollkühnen Abenteuer gemeint, sondern das Eingehen zweckgemäßer und halbwegs kalkulierbarer Risiken.

Ehrlichkeit macht angstfrei Was die Angstgefühle anbelangt, die das Selbstvertrauen beeinträchtigen, so spielen noch zwei weitere Faktoren eine wichtige Rolle: nämlich Ehrlichkeit und Zuverlässigkeit.

> **Wer andere täuscht, muss ständig befürchten, ertappt zu werden.**

Allerdings macht Ehrlichkeit auch angreifbar und kann sich zum eigenen Nachteil auswirken. Somit besteht hier eine gegenseitige Abhängigkeit: Ehrlichkeit verschafft ein Gefühl der Sicherheit und damit Selbstvertrauen, andererseits erfordert Ehrlichkeit oftmals Mut.

> **Es braucht Selbstvertrauen, um das Risiko des Vertrauens immer wieder einzugehen, auch wenn es hin und wieder nicht belohnt wird.**

2. Aufbau von Vertrauen bei der Mitarbeiterführung

*„Vertrauen kann man nicht anordnen,
man muss es sich erwerben."*

Hartmut Laufer, Managementtrainer

Notwendigkeit von Vertrauen in der Mitarbeiterführung

Die Mechanismen des Vertrauens im alltäglichen Umgang gelten natürlich auch im Berufsleben und dort im besonderen Maß für das Zusammenwirken von Führenden und Ausführenden.

> Das Managen von Unternehmen und das Führen von Mitarbeitern sind ohne ein Mindestmaß gegenseitigen Vertrauens undenkbar.

Nur wenn Mitarbeiter erkennen, dass die Führung nicht ausschließlich den Unternehmensprofit im Auge hat, sondern sich auch um die Belange der Beschäftigten kümmert, werden sie bereit sein, sich für die geforderten Arbeiten vorbehaltlos einzusetzen. Sie müssen darauf vertrauen können, dass sie für ihr Engagement angemessen entlohnt werden und sich die Unternehmensleitung um zumutbare Arbeitsbedingungen bemüht.

Mitarbeitererwartungen

2. Aufbau von Vertrauen bei der Mitarbeiterführung

In dieser Hinsicht liegen die Mitarbeitererwartungen vorrangig auf der Sachebene. Was jedoch die unmittelbare Zusammenarbeit mit ihren Vorgesetzten anbelangt, so liegen hier die Mitarbeitererwartungen eher auf der Gefühls- bzw. Beziehungsebene. Sie erwarten, dass Vorgesetzte
- die Leistungen ihrer Mitarbeiter wahrnehmen und anerkennen,
- ihre Persönlichkeit achten und wertschätzen,
- sie bei auftretenden Schwierigkeiten unterstützen und
- sich auch ihrer persönlichen Sorgen und Nöte annehmen.

Vorgesetzten-erwartungen

Andererseits müssen sich die Vorgesetzten darauf verlassen können, dass die Mitarbeiter
- ihre Fähigkeiten und Erfahrungen uneingeschränkt einbringen,
- sich nach besten Kräften anstrengen,
- gewissenhaft und umsichtig arbeiten,
- sich gruppendienlich verhalten sowie
- ehrlich und loyal sind.

Vertrauen ist heute wichtiger denn je

Die Vertrauenswürdigkeit der Mitarbeiter ist heute so wichtig wie nie zuvor. Wie schon in Kapitel 1 unter der Überschrift „Aktuelle Situation der Mitarbeiterführung" geschildert, haben Führungskräfte heutzutage weder die Zeit noch das allumfassende Wissen, um sich mit jedem einzelnen Mitarbeiter so intensiv zu befassen, ihn so ausführlich fachlich anzuleiten und bis in alle Einzelheiten zu kontrollieren, wie das noch vor einigen Jahrzehnten möglich war.

> Führungskräfte müssen sich heute weitestgehend auf den guten Willen und die Verantwortungsbereitschaft ihrer Mitarbeiter verlassen können, wenn sie nicht scheitern wollen.

Notwendigkeit von Vertrauen in der Mitarbeiterführung

Gegenseitiges Vertrauen ist somit zur wichtigsten Voraussetzung erfolgreicher Mitarbeiterführung geworden. Gerade in Zeiten zunehmender Terminnöte und andererseits immer komplexer sowie fachlich anspruchsvoller werdender Arbeitsaufgaben ist man als Führungskraft auf die Verantwortungsbereitschaft und Loyalität seiner Mitarbeiter angewiesen. Doch ist gegenseitiges Vertrauen keine Selbstverständlichkeit, sondern muss erst wachsen und bedarf der ständigen Pflege.

Hat ein Vorgesetzter aber erst einmal ein solides Vertrauensverhältnis zu seinen Mitarbeitern aufgebaut, braucht er sich nicht mehr um alles selbst zu kümmern. Er kann es riskieren, seine Mitarbeiter weitgehend selbstständig und eigenverantwortlich arbeiten zu lassen, ohne sie ständig zu kontrollieren, und kann sich auf seine eigentlichen Führungsaufgaben konzentrieren. Dann werden ihn die Mitarbeiter auch in kritischen Situationen, zum Beispiel bei terminlichen Engpässen oder riskanten Störfällen, nicht im Stich lassen. Gerade in solchen Situationen erweist sich, inwieweit sich ein Vorgesetzter auf seine Mitarbeiter verlassen kann. Ob sie ihn im Regen stehen lassen oder sich in besonderem Maß einsetzen, um ihn nicht zu enttäuschen. Und dann wird sich der Vorgesetzte gelegentlich auch einmal eine Fehlentscheidung oder schlechte Laune leisten können, ohne dass die Mitarbeiter dies ausnutzen oder ihm die Gefolgschaft aufkündigen. Schließlich sind auch Führungskräfte nur Menschen, die nicht unfehlbar und stets bei bester Stimmung sind.

Leichteres Führen durch Vertrauen

Viele Studien weisen nach, dass sich die Qualität der unmittelbaren Beziehungen zwischen Mitarbeitern und Vorgesetzten direkt auf das Unternehmensergebnis auswirkt. Werden die Beziehungen von den Mitarbeitern positiv erlebt, ist das Leistungsniveau hoch.

Stellenwert der persönlichen Beziehung

2. Aufbau von Vertrauen bei der Mitarbeiterführung

> Herrscht jedoch Misstrauen, wirkt sich das auf die Produktivität der gesamten Organisation negativ aus.

Doch was macht die empfundene Qualität einer Mitarbeiter-Vorgesetzten-Beziehung aus? Naturgemäß lässt sich das nicht an einer einzigen Komponente festmachen, sondern es spielt hierbei die gesamte Vielfalt menschlicher Gefühle, Einstellungen und Verhaltensweisen eine Rolle: persönliche Sympathie, individuelle Wertvorstellungen, Kommunikationsverhalten und vieles mehr. Wer mit wem und warum gut auskommt, ist höchst unterschiedlich.

Glaubwürdigkeit der Führungskraft

Was aber die Bereitschaft anbelangt, sich von jemandem führen zu lassen, so ist dabei offenbar immer die Glaubwürdigkeit und Gradlinigkeit des Führenden ein wesentliches Kriterium. Man will als Mitarbeiter wissen, woran man bei seinem Vorgesetzten ist und was man von ihm zu erwarten hat. Oder anders ausgedrückt: Seine Vertrauenswürdigkeit ist entscheidend. Es gibt genügend Beispiele, bei denen Mitarbeiter ihren Chef für zu streng halten, viele seiner Ansichten nicht teilen oder ihn sogar unsympathisch finden, sie ihm aber dennoch folgen, weil er in seinem Verhalten authentisch und konsequent ist – sie ihm vertrauen können. Menschen sind bereit, manches Fehlverhalten anderer zu tolerieren, nicht aber mangelnde Vertrauenswürdigkeit.

> Um als Führungspersönlichkeit anerkannt zu werden, braucht man das Vertrauen seiner Mitarbeiter – Vertrauen aber setzt Berechenbarkeit voraus.

Notwendigkeit von Vertrauen in der Mitarbeiterführung

Führungskräfte geraten zwangsläufig immer wieder in den Zwiespalt, sich auf der einen Seite den Belangen ihrer Mitarbeiter verpflichtet zu fühlen, andererseits häufig Entscheidungen treffen zu müssen, die sich gegen deren Interessen richten. Diese Diskrepanz lässt sich nur durch Vertrauen überbrücken. Nur wenn die Mitarbeiter davon überzeugt sind, dass es sich nicht um eine momentane Laune ihres Chefs oder gar um einen Akt der Willkür handelt, werden sie auch eine ungeliebte Arbeitsaufgabe oder schmerzliche Maßnahme akzeptieren. Selbst wenn der Vorgesetzte einmal ein Versprechen nicht einhalten kann, werden die Mitarbeiter ihm das nicht verübeln, sofern sie merken, dass es nicht leichtfertig, sondern aus gutem Grund geschehen ist. Sie erkennen dann, dass der Vorgesetzte seinen Grundsätzen dennoch treu geblieben ist und sie nicht bewusst getäuscht hat.

Dilemma der Doppelrolle als Führungskraft

Mitarbeiter zu enttäuschen ist manchmal unvermeidbar, sie zu täuschen aber unverzeihbar.

Die Dringlichkeit oder fachliche Komplexität eines Arbeitsauftrags lässt es manchmal nicht zu, einem Mitarbeiter den Sinn und Zweck einer Anweisung detailliert zu erläutern. Auch dann kann nur das grundsätzliche Vertrauen in die Kompetenz und die guten Absichten des Vorgesetzten die notwendige Maßnahmenakzeptanz gewährleisten.

Als Gründe mangelnden Mitarbeitervertrauens sind in Unternehmen zunehmend folgende Umstände festzustellen:
- Die Mitarbeiter machen wiederholt die Erfahrung, dass Veränderungen einseitig zu ihren Lasten vorgenommen werden.
- Sie bekommen das Gefühl, ihr Schicksal sei der Unternehmensleitung gleichgültig, die Vorgesetzten würden sich nicht um sie kümmern.

Gründe für Vertrauensdefizite

2. Aufbau von Vertrauen bei der Mitarbeiterführung

- Die Mitarbeiter gewinnen den Eindruck, man würde sie bewusst mangelhaft oder sogar falsch informieren.
- Sie müssen erkennen, dass ihr jahrelanges Engagement in Krisenzeiten oder bei strategischen Unternehmensentscheidungen nichts mehr gilt.
- Die Unternehmensleitung setzt bei wichtigen Entscheidungen eher auf das (teure) Expertenwissen externer Berater als auf die Erfahrungen, das Insiderwissen und die Kundenkontakte der eigenen Mitarbeiter.
- Manager der oberen Hierarchieebenen sorgen mehr für ihre persönlichen Vorteile als für den Fortbestand des Unternehmens und den Erhalt der Arbeitsplätze.

Derartigen Vertrauensdefiziten ist unbedingt vorzubeugen und wo sie bereits eingetreten sind, muss versucht werden, sie durch eine geänderte Unternehmens- und Führungskultur abzubauen. Allerdings sollte man dabei frei von Illusionen sein:

> **Das Vertrauen der Mitarbeiter zu gewinnen ist nicht einfach, verspieltes zurückzugewinnen manchmal sogar unmöglich!**

Wertvolle Effekte durch Vertrauen

Gerade unter den heutigen wirtschaftlichen Bedingungen ist das gegenseitige Vertrauen in Unternehmen aus den folgenden Gründen besonders wichtig:

- Die schnellen Veränderungen der Märkte erfordern schnelles Handeln der Mitarbeiter, ohne bürokratische, aufgrund von Misstrauen errichtete Barrieren überwinden zu müssen.
- Die kostbare Zeit muss in erster Linie „an der Front", also in den Umgang mit Kunden, investiert werden und nicht in interne Koordinierungsvorgänge.

- Um der Konkurrenz standhalten zu können, müssen Kreativität, Experimentierfreudigkeit und Risikobereitschaft der Mitarbeiter durch nichtkontrollierte Handlungsspielräume gefördert werden.
- Vertrauen senkt die Kosten für unprofitable Überwachungs- und Rechtfertigungsbemühungen.

Je ausgeprägter das Vertrauensklima ist, desto mehr Verantwortungsbereitschaft entwickeln die Mitarbeiter und desto stärker identifizieren sie sich mit ihrer Arbeit und dem Unternehmen. Bei den heute fachlich oft sehr anspruchsvollen Aufgaben müssen die Spezialisten ohnehin weitgehend selbstständig arbeiten, da die Vorgesetzten deren Fachprobleme sowieso nur begrenzt verstehen.

Vertrauen ist das Fundament jedes dauerhaften Führungserfolgs.

Die Vertrauenswirklichkeit in Unternehmen

Dass Vertrauen zwischen Führung und Geführten ein wichtiger Erfolgsfaktor eines Unternehmens ist, wird von niemandem ernsthaft bezweifelt und wer Vertrauen fordert, erntet selten Widerspruch. Dennoch wird in letzter Zeit ein zunehmender Vertrauensschwund in Wirtschaftsunternehmen beklagt und das Thema „Vertrauen" macht Schlagzeilen.

„Vertrauen" – ein aktuelles Thema

Wie sieht es nun mit der Vertrauenswirklichkeit in den deutschen Unternehmen aus? Die jüngsten Untersuchungen hierzu zeichnen ein bedenkliches Bild. Im alljährlichen internationalen Vertrauensindex der Gesellschaft für Konsumforschung (GfK) schneiden die deutschen Manager regelmäßig schlecht ab. Gemäß dem Bericht des Jahres 2006

Vertrauensindex 2006

2. Aufbau von Vertrauen bei der Mitarbeiterführung

misstrauen 82 Prozent der Mitarbeiter den Führungsriegen. Damit liegen die deutschen Manager nur noch dicht vor den Politikern als Schlusslicht der Vertrauensskala, denen nur noch 10 Prozent der Deutschen vertrauen.

Akademie-Studie 2006

Allerdings sagen diese Untersuchungen nichts darüber aus, wer wem in welcher Hinsicht vertraut oder nicht. Differenzierender ist da schon die von der Akademie für Führungskräfte der Wirtschaft 2006 veröffentlichte Studie, die auf einer Befragung von 350 Führungskräften beruht (nachzulesen im Internet unter www.die-akademie.de) und die zu folgenden Ergebnissen kommt:

- 21,5 Prozent der Befragten gaben an, dass ihr Vertrauen schon oft missbraucht worden ist.
- 8,6 Prozent hatten sogar schon einmal aufgrund eines schlechten Vertrauensverhältnisses den Arbeitsplatz gewechselt.
- 40,3 Prozent fühlen sich durch zu viele Kontrollen behindert.

Gerade wegen dieser negativen Erfahrungen sagten fast zwei Drittel der Befragten: „In Teams und Abteilungen, in denen kein gegenseitiges Vertrauen gegeben ist, kann ich nicht arbeiten." Dennoch gab ein Viertel an: „Es dauert sehr lange, bis ich anderen Menschen bei der Arbeit voll und ganz vertraue." Mit anderen Worten: Man hält das Vertrauen anderer für unverzichtbar, tut sich aber selbst schwer, es anderen zu geben.

Vertrauen wird immer wichtiger

Die befragten Führungskräfte meinen nahezu einhellig, dass der Faktor „Vertrauen" immer bedeutender für den Unternehmenserfolg wird, und nur 33,1 Prozent von ihnen glauben, dass Vertrauen zu oft missbraucht wird. Dennoch räumen sie ein, zu wenig für den Aufbau von Mitarbeitervertrauen zu tun:

- Knapp die Hälfte gab an, für den Vertrauensaufbau zu wenig Zeit zu haben.
- Bemerkenswert selbstkritisch sind 93,3 Prozent der Meinung, die eigene Unsicherheit trage dazu bei, dass sie ihren Mitarbeitern nicht vertrauen.
- 67,4 Prozent glauben, dass Vorgesetzte deshalb nicht vertrauen, weil sie Abhängigkeit und Machtverlust befürchten.
- Mehr als die Hälfte (55,8 Prozent) meint: „Führungskräfte haben nicht gelernt zu vertrauen."

Diese Befragungen und Studien lassen erkennen, wie wenig Aufklärung sowie Aus- und Weiterbildung auf diesem Gebiet bisher betrieben wird, aber künftig geleistet werden muss. Selbst die Hoch- und Fachhochschulen beschränken sich immer noch weitestgehend auf reine Fachausbildung, statt die Studierenden auch auf ihre Menschenführungsaufgaben vorzubereiten.

Mangelnde Bewusstseinsbildung

> **Die jüngsten Untersuchungsergebnisse zeigen deutlich, wie sehr beim Thema „Mitarbeitervertrauen" Anspruch und Wirklichkeit auseinanderklaffen.**

Der Regelkreis der Vertrauensbildung

> Vertrauen ist keine Selbstverständlichkeit, sondern muss erst aufgebaut werden.

Es ist etwas ganz Natürliches, dass Mitarbeiter zunächst skeptisch sind, wenn sie in eine Firma neu eintreten oder einem neuen Vorgesetzten unterstellt werden. Sie wissen noch nicht, was sie erwartet – ihr natürliches Sicherheitsbedürfnis lässt

Beiderseitige Anfangsskepsis

2. Aufbau von Vertrauen bei der Mitarbeiterführung

sie vorsichtig sein. Andererseits sind verständlicherweise auch Führungskräfte bestrebt, keine unvermeidbaren Risiken einzugehen und sich abzusichern. Die Folge kann sein, dass sie ihre Mitarbeiter nur innerhalb enger Grenzen nach eigenem Ermessen arbeiten lassen, ihnen die Arbeitsweise genau vorgeben und die Arbeiten regelmäßig kontrollieren. Vor allem dann, wenn sie sich von den Fähigkeiten und der Zuverlässigkeit eines Mitarbeiters noch nicht haben überzeugen können.

Beide Seiten hegen also zunächst ein berechtigtes Misstrauen, was jedoch einer Vertrauensbildung im Weg steht. Wenn es zu einer vertauensvollen Zusammenarbeit kommen soll, muss eine der beiden Seiten nun mal den ersten Schritt wagen und der anderen einen Vertrauensvorschuss anbieten. Es führt nichts daran vorbei, dass einer als Erster sein anfängliches Misstrauen ein Stück weit zurückstellt. Nur so lässt sich ein Regelkreis in Gang setzen, der zu einer tragfähigen Vertrauensbasis führen kann.

> Nur Vertrauen schafft Vertrauen – Misstrauen schafft Misstrauen!

Wer wagt den ersten Schritt?

Eine entscheidende Frage dabei ist, wer den Prozess initiieren muss, wer also das Risiko des ersten Schritts wagen muss – der Mitarbeiter oder sein Vorgesetzter? Haben die persönlichen Interessen des Mitarbeiters den Vorrang oder hat die Verpflichtung der Führungskraft zur Wahrung der Unternehmensbelange Priorität?

Es gibt zwei gute Gründe, die dafür sprechen, dass die Führungskraft den ersten Vertrauensvorschuss leistet:
- Die Verantwortung für ein leistungsförderndes und konfliktfreies Klima der Zusammenarbeit liegt in erster Linie

Der Regelkreis der Vertrauensbildung

bei der Führungskraft. Diese Voraussetzungen zu schaffen ist eine der wichtigsten Führungsaufgaben überhaupt. Zu den Mitarbeiterpflichten gehört lediglich, durch das persönliche Verhalten den Betriebsfrieden nicht zu stören und betriebliche Abläufe nicht zu behindern.

■ Das Risiko eines – natürlich der Situation angemessenen – Vertrauensvorschusses ist für die Führungskraft in aller Regel geringer als für den Mitarbeiter. Ein fehlerhaftes Arbeitsergebnis aufgrund zu großen Vertrauens in die Fähigkeiten oder die Gewissenhaftigkeit des Mitarbeiters bringt dem Vorgesetzten im Allgemeinen (wenn überhaupt) höchstens Ärger mit seinem eigenen Vorgesetzten ein. Hingegen kann der Mitarbeiter durch vorbehaltloses Vertrauen zum Vorgesetzten, beispielsweise durch das freimütige Eingestehen einer Unachtsamkeit oder Überforderung, seine Beförderung oder sogar seinen Job aufs Spiel setzen. Er kann dadurch seine wirtschaftliche Existenz und damit unter Umständen auch die einer gesamten Familie gefährden!

2. Aufbau von Vertrauen bei der Mitarbeiterführung

Der Prozessverlauf Das Entstehen gegenseitigen Vertrauens ist ein kontinuierlicher Prozess, ist eine Art Regelkreis. In der obigen Abbildung ist er am Beispiel einer Vorgesetzten-Mitarbeiter-Beziehung dargestellt. Vertraut ein Vorgesetzter einem Mitarbeiter, so drückt sich das in einem vertrauensvollen Verhalten aus. Zum Beispiel indem er den Mitarbeiter auch wichtige Aufträge weitestgehend selbstständig bearbeiten lässt und ohne ihn viel zu kontrollieren. Dieses geäußerte Vertrauen weckt auch beim Mitarbeiter Vertrauen. In aller Regel wird er sich das Vertrauen seines Vorgesetzten erhalten wollen und sich deshalb bemühen, sich dessen würdig zu erweisen. Er wird besonders sorgfältig arbeiten und sich bei auftretenden Schwierigkeiten auch nicht scheuen, den Chef vertrauensvoll um Rat zu fragen. Für den Vorgesetzten ist dieses Mitarbeiterverhalten eine Bestätigung seiner Erwartungen, was sein Vertrauen in den Mitarbeiter weiter steigert und den Prozess erneut in Gang setzt. Man nennt das eine „sich selbst erfüllende Vorhersage". Im Lauf der Zeit kann sich auf diese Weise ein stabiles Vertrauensverhältnis herausbilden.

Regelkreis des Misstrauens Selbstverständlich funktioniert dieser Regelkreis aber auch in entgegengesetztem Sinn – und das erheblich schneller! Misstraut ein Vorgesetzter einem Mitarbeiter von Anbeginn an und kontrolliert ihn besonders genau, wird das auch den Mitarbeiter vorsichtig machen. Beispielsweise wird er Fehler möglichst zu vertuschen suchen. Bemerkt es der Vorgesetzte, ist das für ihn eine Bestätigung seines anfänglichen Misstrauens. Es wird dadurch wachsen und er wird sich genötigt sehen, den Mitarbeiter noch pedantischer zu kontrollieren – der Regelkreis wird erneut gestartet und beschleunigt sich. Da dieser negative Trend sehr leicht in Gang kommen kann, sollte man als Führungskraft tunlichst alles vermeiden, was bei den Mitarbeitern Misstrauen wecken könnte.

> **Belastbares Vertrauen braucht Zeit zum Reifen wie ein edler Wein. Misstrauen dagegen kann so schnell entstehen wie saure Milch bei Gewitter.**

Vertrauen prägt den Führungsstil

Im Interesse einer motivierenderen Mitarbeiterführung wurde im Zuge des Wirtschaftswachstums nach dem Zweiten Weltkrieg eine Vielzahl neuartiger, wissenschaftlich begründeter Führungsstile propagiert. Sie sollten die bis dahin in Deutschland allgemein übliche stark autokratische Art des Führens ablösen. Zunächst waren es die vielen aus Amerika stammenden Management-by-Konzepte, angefangen vom „Management by Objektives" über das „Management by Delegation", „Management by Exception", „Management by Participation" und so weiter. Später kamen etliche in Deutschland entwickelte Führungsstile und -modelle hinzu, wie beispielsweise der kooperative Führungsstil oder das Harzburger Modell. Alle diese Führungskonzepte hatten ein gemeinsames Ziel: Die Führungskräfte sollten bei ihrem Verhalten und ihren Maßnahmen stärker als bisher auf die Bedürfnisse ihrer Mitarbeiter eingehen, um dadurch deren Arbeitszufriedenheit und damit Leistungsbereitschaft zu steigern. Sie unterschieden sich lediglich hinsichtlich der empfohlenen Verhaltensstrategien und Führungsinstrumente. Der dabei entbrannte Gelehrtenstreit um den „richtigen" Führungsstil mündete schließlich in die Einsicht, dass es kein allgemein gültiges Rezept für ein motivierendes Führen geben kann, sondern sich das Führungsverhalten an der jeweiligen Situation ausrichten muss. Damit war der heute weitgehend unstrittige Führungsstil des „situationsgerechten Führens" geboren.

Unzulänglichkeit früherer Führungskonzepte

2. Aufbau von Vertrauen bei der Mitarbeiterführung

In dieser jahrelangen und teilweise mit missionarischem Eifer geführten Diskussion um eine personenorientierte leistungssteigernde Mitarbeiterführung blieb jedoch ein entscheidender Aspekt nahezu völlig unbeachtet: nämlich das Vertrauensverhältnis zwischen Führungskraft und Mitarbeitern! Nie und nirgendwo wurde ein „Management by Trust (Vertrauen)" oder ein „vertrauensvoller Führungsstil" empfohlen. Dabei liegt hierin der Schlüssel zum Erfolg!

Vertrauen als entscheidendes Merkmal

Gegenseitiges Vertrauen ist das entscheidende Merkmal jedes demokratischen, kooperativen oder wie auch immer etikettierten personenbezogenen und motivierenden Führungsstils. Vertrauen ist die Voraussetzung wechselseitiger Anerkennung und Unterstützung. Nur in einem vertrauensvollen Arbeitsklima kann sich eine größtmögliche Zufriedenheit der Mitarbeiter entwickeln und ein daraus resultierendes Engagement. Mit reinen Organisationsmodellen ist diese Art der Führungskultur nicht zu erreichen.

Wie Experimente bewiesen haben, führt gegenseitiges Vertrauen dazu, dass die Beteiligten
- die Position und den Einfluss anderer akzeptieren,
- Verständnis für deren Motive aufbringen,
- auch gelegentliches (begründbares) Misstrauen tolerieren,
- Kontrolle eher prozess- als personenbezogen ausüben bzw. empfinden sowie
- freimütig und konstruktiv miteinander kommunizieren.

Im Grunde entspricht Vertrauen den normalen menschlichen Bedürfnissen nach Wohlbefinden und funktionierenden Gemeinschaften:
- Die Begleiterscheinungen von Vertrauen sind angenehmer als die des Misstrauens.
- Vertrauen macht den Umgang mit anderen unkomplizierter und ist statistisch gesehen auch eher gerechtfertigt als Misstrauen.

Vertrauen prägt den Führungsstil

- Vertrauen schafft innere Ausgeglichenheit und weckt zuversichtliche Aktivität.
- Vertrauensorientierte Gruppen sind fähiger, Probleme zu meistern.

Ein leistungsfördernder Führungsstil ist automatisch gegeben, wenn die Führungskraft sich vertrauensbildend verhält und alles unterlässt, was dieses Vertrauen erschüttert.

Das sollte auf allen Führungsebenen gleichermaßen praktiziert werden und eine wesentliche Komponente der Unternehmenskultur sein. Hierzu bedarf es eigentlich keiner theoretischen Konzepte und Verhaltensregeln, denn was vertrauensbildend ist oder Misstrauen wecken kann, weiß jeder halbwegs Lebenserfahrene und nicht völlig Unsensible. Dennoch werden im folgenden Abschnitt einige Betrachtungen hierzu angestellt.

Die oben genannten Aussagen sollten jedoch nicht zu dem Umkehrschluss verführen, dass Misstrauen oder mangelndes Vertrauen ein typisches Merkmal autokratischen Führens sei. Es gibt genügend Beispiele, wo Vorgesetzte ausgesprochen undemokratisch führen, ihren Mitarbeitern aber dennoch menschliche Wertschätzung und ein gewisses Grundvertrauen entgegenbringen und im Gegenzug deren hohes Vertrauen genießen. Maßgebend hierfür ist eine selbstbewusste und glaubhafte Führungspersönlichkeit.

Auch autokratisches Führen schließt Vertrauen nicht aus

Auch schließt ein vertrauensvoller Führungsstil nicht jegliches Misstrauen aus. Im Gegenteil: Undifferenziertes Vertrauen wird von den Mitarbeitern nach einiger Zeit als Desinteresse und mangelnde Anteilnahme empfunden. Nur muss Misstrauen angemessen sein und sich aus der jewei-

Kein grenzenloses Vertrauen

2. Aufbau von Vertrauen bei der Mitarbeiterführung

ligen Situation heraus rechtfertigen. Die Ausgewogenheit von Vertrauen und Misstrauen macht es (siehe auch „Balance zwischen Vertrauen und Misstrauen" in Kapitel 1)!

> **Ein motivierender Führungsstil ist gekennzeichnet durch menschliche Wertschätzung und situationsgemäßes Vertrauen.**

Vertrauensbildende Führungsgrundsätze

Vorbildfunktion der Führungskraft

Ein tragfähiges Vertrauensverhältnis zu den Mitarbeitern aufzubauen ist eine der wichtigsten, aber auch schwierigsten und langwierigsten Führungsaufgaben. Sie schafft wichtige Grundlagen für den Unternehmenserfolg und dient gleichzeitig den emotionalen Bedürfnissen aller Beteiligten. Eine entscheidende Rolle spielen dabei die Verhaltensweisen und Maßnahmen der verantwortlichen Führungskräfte. An ihnen liegt es, den Mitarbeitern die richtungweisenden Vorbilder zu liefern und die richtigen Maßstäbe zu setzen.

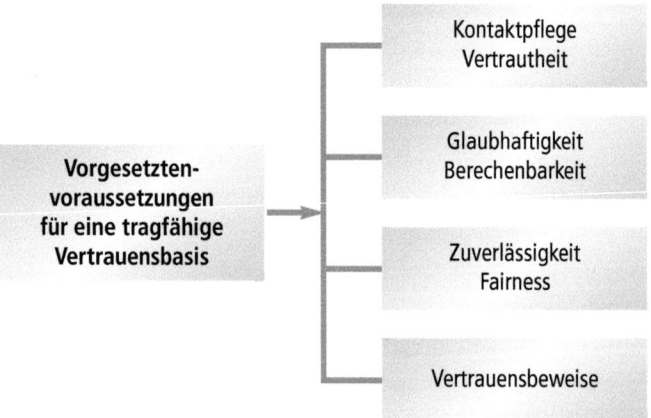

**Sich selbst und die eigenen Führungsgrundsätze
den Mitarbeitern vertraut machen:**
- jede Gelegenheit zum Gespräch mit den Mitarbeitern wahrnehmen
- Mitarbeiter umfassend über die Arbeitsziele und Arbeitsbedingungen informieren
- nicht nur Sachaussagen machen, sondern auch persönliche Meinungen und Prinzipien kundtun
- auch eigene Gefühle und Befindlichkeiten zum Ausdruck bringen
- im Rahmen zu wahrender Autorität und Diskretion gelegentlich auch über private Angelegenheiten sprechen

**In Persönlichkeit und Verhalten glaubhaft
und berechenbar sein:**
- das eigene Führungsverhalten nicht von persönlichen Stimmungsschwankungen abhängig machen
- auch über unpopuläre Vorhaben rechtzeitig informieren
- gemachte Zusagen einhalten oder es zumindest einsehbar machen, wenn davon ausnahmsweise abgewichen werden muss
- auch Kritik an der eigenen Person zulassen und sich mit ihr auseinandersetzen
- eigene Fehler oder Irrtümer unumwunden eingestehen
- kein Interesse an schädigenden Gerüchten zeigen, sondern sie möglichst unterbinden
- gute Mitarbeiterleistungen vorbehaltlos loben, Fehlleistungen jedoch unbefangen und ohne Polemik beanstanden

Partnerschaftlich, zuverlässig und fair sein:
- Interesse und Verständnis für die Probleme und Wünsche der Mitarbeiter zeigen
- Mitarbeiter bei Problemen beraten und unterstützen
- sich für die Belange der Mitarbeiter einsetzen
- anvertraute persönliche oder für den Betreffenden peinliche Informationen nicht weitergeben

- Fehler nur mit dem bzw. den Betreffenden besprechen, Kritik nur unter vier Augen
- Kritik im Sinn des Helfenwollens äußern
- zugetragene Fehlerhinweise nicht ungeprüft übernehmen
- sich bei Kritik von außen vor die Mitarbeiter stellen
- auch bei ärgerlichen Vorkommnissen fair und gerecht bleiben

Den Mitarbeitern Vertrauen entgegenbringen:
- Mitarbeitern schwierige und verantwortungsvolle Aufgaben zutrauen
- sich bei Arbeitsaufträgen zuversichtlich äußern, Mut machen
- die Mitarbeiter weitgehend selbstständig arbeiten lassen
- Vorschläge und Bedenken der Mitarbeiter ernst nehmen
- vor wichtigen Entscheidungen die Meinungen der Mitarbeiter erfragen
- gegen die Meinungen und Interessen der Mitarbeiter nicht ohne triftigen Grund entscheiden und nicht ohne ihnen diesen zu erläutern
- nicht mehr kontrollieren, als es die Risiken und die eigene Führungsverantwortung erfordern
- sich beim Kontrollieren möglichst auf Ergebniskontrollen beschränken

Vertrauensvolles Vorgesetztenverhalten bewirkt vertrauenswürdiges Mitarbeiterverhalten.

Offene Kommunikation statt Gerüchteküche

Das wirksamste Führungsinstrument ist und bleibt die Kommunikation. Ohne einen intensiven Austausch von Informationen und Meinungen ist in Organisationen kein koordiniertes und zielstrebiges Arbeiten denkbar. Dabei geht es jedoch nicht nur um aufgabenbezogene Sachinformationen, sondern auch um das Vermitteln von Gefühlen, Wünschen und Anschauungen. Emotionale Botschaften dienen der Mitarbeitermotivierung sowie dem Wachsen verlässlicher Beziehungen zwischen Vorgesetzten und Mitarbeitern. Auch eine kürzlich erstellte Studie der Bertelsmann AG kommt zu dem Schluss, dass ein Unternehmen durch intensive interne Kommunikation erheblich zur Vertrauenskultur sowie zum Mitarbeiterengagement beitragen und damit den Unternehmenserfolg steigern kann.

Führen bedeutet kommunizieren

Befragungen in Unternehmen ergeben immer wieder, dass Kommunikation und Information wichtige Faktoren der Arbeitszufriedenheit sind. Sollen Mitarbeiter es benennen, womit sie im Unternehmen unzufrieden sind, so rangiert fast immer auf einem der ersten Plätze eine als unzureichend empfundene Information. Nach dem Motto: „Uns sagt ja keiner was!" Auch zeigt es sich immer wieder, dass entgegen den in Mitarbeiterkreisen oft zu hörenden Sprüchen wie „Ich sehe den Chef am liebsten von hinten" die Bedürfnisse nach persönlichen Kontakten zum Vorgesetzten (ein intaktes Betriebsklima vorausgesetzt) in den letzten Jahrzehnten eher zugenommen haben. Sicher spielen hierbei die arbeitsteiligen Produktionsprozesse sowie die vereinzelnden Computertätigkeiten und die unpersönliche E-Mail-Kommunikation eine Rolle. Aber auch der Zeitmangel der Vorgesetzten und die damit seltener werdenden Kontakte zu ihren Mitarbeitern lassen Defizitgefühle entstehen. Die Mitarbeiter bekommen das Gefühl, dass man sie nicht wichtig nimmt und ihre Sorgen und Wünsche den Vorgesetzten nicht kümmern.

Kommunikationsbedürfnisse ernst nehmen

2. Aufbau von Vertrauen bei der Mitarbeiterführung

Informations-bedürfnis ist Bedürfnis nach Sicherheit

Das Informationsbedürfnis entspringt dem fundamentalen menschlichen Bedürfnis nach Sicherheit. Wenn wir nicht wissen, was auf uns zukommt, fühlen wir uns automatisch unsicher. Um dieses ungute Gefühl abzubauen, sind wir dann bestrebt, unseren Wissensstand zu verbessern, und sind für jede Information dankbar. Bleiben offizielle Informationen aus, versucht man sich auf inoffiziellen Wegen zu informieren. Das ist der Nährboden für Gerüchte, Halbwahrheiten und Spekulationen, im Betriebsjargon mit Bezeichnungen wie „Gerüchteküche", „Flurfunk", „Buschfunk" oder „Latrinenparolen" charakterisiert. Nimmt diese Art der internen Kommunikation überhand, führt das zu einem Klima des Misstrauens und es kommt zu Verdächtigungen bis hin zu gezielten Verleumdungen. Keiner möchte als unwissend gelten und man überbietet sich förmlich im Produzieren von Gerüchten. Wie schnell über den Flurfunk aus vagen, harmlosen Vermutungen scheinbar bewiesene Sensationen werden können, beweist das bekannte Kinderspiel „Stille Post". Unbewusst (oder auch bewusst) ergänzt jeder Informant das Gehörte mit Bildern aus seiner Phantasie.

> Information schafft Sicherheit und Sicherheit schafft Vertrauen.

Informationsmangel in deutschen Unternehmen

Eine europaweite Studie des internationalen Personalforschungsunternehmens ISR sagt aus, dass in deutschen Unternehmen rund zwei Drittel der befragten Mitarbeiter angaben, von wichtigen Veränderungen in der Regel nur durch Hörensagen zu erfahren und nicht durch ihre Vorgesetzten. Im europäischen Vergleich belegt Deutschland damit vor Frankreich, Großbritannien und den Niederlanden einen der letzten Plätze. Deutlich besser schnitten die skandinavischen Länder ab, allen voran Dänemark. Die seit über 30 Jahren durchgeführten Befragungen von insgesamt 360.000 Personen weisen nach, dass Unternehmen mit steigenden Umsätzen und einem erfolgreichen Management sich meist durch eine gute interne Informationspolitik auszeichnen.

> Mangelhaft informierte Mitarbeiter verlieren das Vertrauen in die Führung – schwindendes Vertrauen aber bedeutet abnehmende Motivation und sinkende Produktivität.

Wer vertrauensvoll und mitarbeiterbezogen führen will, sollte trotz der knappen Zeit so oft wie möglich die Gelegenheit für Besprechungen und Gespräche mit seinen Mitarbeitern wahrnehmen. Das bezieht sich nicht nur auf formelle Besprechungen, sondern gilt auch für die vielen Gelegenheiten zu informellen Gesprächen am Rande: bei der morgendlichen Begrüßung, beim Kantinenessen oder im Rahmen einer Jubiläumsfeier.

> **Der Zeitaufwand für rechtzeitig und vorsorglich geführte Gespräche wird wettgemacht, indem sonst später notwendig werdende Motivierungs- und Konfliktgespräche erspart bleiben.**

Glaubwürdige und motivierende Ziele

Klare Zielvereinbarungen sind erforderlich, wenn von Mitarbeitern erwartet wird, dass sie
- mit derselben Zielrichtung,
- in der gewünschten Vorgehensweise,
- im Einklang miteinander und
- mit dem erforderlichen Engagement

arbeiten.

2. Aufbau von Vertrauen bei der Mitarbeiterführung

> Damit sich Mitarbeiter für das Erreichen eines Ziels engagieren, müssen sie es akzeptieren und sich mit ihm identifizieren können.

Die im Folgenden erläuterten Bedingungen müssen zur Zielerreichung erfüllt werden.

Eindeutigkeit

Keine Zweifel oder Missverständnisse

Eine Grundvoraussetzung für die Realisierung eines Ziels ist, dass es eindeutig beschrieben ist. Lässt sich die Zielvorgabe unterschiedlich interpretieren, kommt es zu hemmenden Zweifeln, Rückfragen oder Streitigkeiten und so wird das ursprünglich angestrebte Ziel möglicherweise verfehlt. Schlimmstenfalls wird durch die Aktivitäten mehr Schaden angerichtet als Nutzen erzielt. Daher ist es für die Zielvereinbarung von entscheidender Bedeutung, dass dem betreffenden Mitarbeiter alle für sein Verständnis notwendigen Informationen in einer für ihn verständlichen Sprache gegeben werden. Das erfordert in erster Linie:

- ihm die notwendigen Informationen und Durchführungshinweise zu geben,
- dabei seinen Kenntnisstand in Rechnung zu stellen,
- komplexere Zielvorstellungen logisch zu strukturieren,
- unmissverständliche Begriffe und Formulierungen zu verwenden und
- auf seine Sprachgewohnheiten einzugehen.

Um sicherzugehen, dass man nicht missverstanden wurde, ist es wichtig, auf die verbalen sowie nonverbalen Reaktionen des Gesprächspartners zu achten. Auch Rückfragen oder die Bitte um Wiederholung können die Verständigung absichern.

Notwendigkeit

Mitarbeiter müssen erkennen können, dass die Zielerreichung tatsächlich notwendig ist. Sie dürfen nicht das Gefühl bekommen, bei dem Arbeitsauftrag handele es sich um reine Prinzipienreiterei oder eine Marotte des Vorgesetzten oder sogar gezielte Schikane. Daher sollten der Anlass erläutert und die möglichen Folgen einer Zielverfehlung verdeutlicht werden. Manchmal kann es notwendig sein, es einem unwilligen Mitarbeiter bewusst zu machen, dass letztendlich alle (sinnvollen) Arbeiten dazu dienen, die Existenz des Unternehmens und damit auch seines eigenen Arbeitsplatzes zu sichern.

Keine Prinzipienreiterei oder Willkür

Erreichbarkeit

Ein Ziel darf nur realistische Anforderungen an die Mitarbeiter stellen, wenn all ihre Kräfte für die Zielverfolgung mobilisiert werden sollen. Sie müssen daran glauben können, dass sie das gesteckte Ziel mit ihren eigenen Fähigkeiten und den verfügbaren Sachmitteln und Befugnissen erreichen können. Unrealistisch hohe Anforderungen hingegen lassen sie resignieren und führen zu demotivierenden Misserfolgserlebnissen. Andererseits kann es aber auch demotivierend wirken, wenn die Anforderungen zu häufig unter dem Leis-

Überfordernde Zielvorgaben demotivieren

2. Aufbau von Vertrauen bei der Mitarbeiterführung

tungsniveau der Mitarbeiter liegen. Hin und wieder sollten sie sich echten Herausforderungen stellen müssen, an denen sie sich messen und wachsen können. Langfristig gesehen sollte das allgemeine Anforderungsniveau – zumindest zeitweise – eher etwas über dem normalen Leistungsvermögen liegen als umgekehrt.

Nützlichkeit

Persönlicher und Unternehmensnutzen

Der Nutzenaspekt einer Arbeitsaufgabe ist ein wichtiger Motivationsfaktor. Mitarbeiter wollen in ihrem Handeln sowohl einen Nutzen für das Unternehmen als auch für sich selbst erkennen können. Egoismus ist ein ererbter Selbsterhaltungstrieb. Er ist etwas völlig Natürliches und in vernünftigen Grenzen nichts Verwerfliches und muss demzufolge auch Mitarbeitern zugestanden werden. Es ist absolut unrealistisch, von Mitarbeitern zu verlangen, sie sollten sich völlig selbstlos für die Belange des Unternehmens einsetzen. Selbstverständlich wollen sie auch für sich selbst einen angemessenen Nutzen erzielen. Dabei muss dieser keineswegs immer materieller Art sein: Er kann auch aus Spaß an der Arbeit, persönlichem Erfolgserlebnis, Lob des Vorgesetzten oder vielen anderen emotionalen Anreizen resultieren.

Angemessenheit

Kein überzogener Aufwand

Die Anstrengungen, die einem Mitarbeiter zur Zielerreichung abverlangt werden, sollten in einem vernünftigen Verhältnis zum erzielbaren Nutzen stehen. Andernfalls wird er sich (bewusst oder unbewusst) nur in begrenztem Maß für die Zielerreichung einsetzen. Schlimmstenfalls fühlt er sich sogar schikaniert.

Bekanntheit

Nicht vorschnell für selbstverständlich halten

Dass die Arbeitsziele den betreffenden Mitarbeitern bekannt sein müssen, mag wie eine Binsenweisheit klingen. Dennoch kommt es in der Praxis nicht selten vor, dass die Erledigung einer Arbeit vom Vorgesetzten als Selbstverständlichkeit angesehen wird, obwohl sie nicht zu den Regelaufgaben des Mitarbeiters gehört und dieser aufgrund seines geringeren Verantwortungsniveaus sowie Hintergrundwissens die Notwendigkeit der Arbeit durchaus nicht selbst erkennen müsste. Daher gehört zu einer wirksamen Zielsetzung, dass sie allen betroffenen Mitarbeitern rechtzeitig, umfassend und gleichmäßig bekannt gegeben wird. Damit die Mitarbeiter klärende Fragen stellen und unverzüglich ihre Bedenken oder Zweifel äußern können, sollte dies möglichst im persönlichen Gespräch erfolgen. Was nicht ausschließt, besonders wichtige oder schwierige Sachverhalte als Gedächtnisstütze zusätzlich schriftlich festzuhalten.

> **Je klarer die Vorstellungen der Mitarbeiter vom Arbeitsziel sind, desto größer ist die Chance, dass sie es erreichen, und umso erkennbarer wird für sie der Arbeitserfolg.**

Wirkungsvolle Zielformulierung

Die Wirksamkeit einer Zielvorgabe hängt nicht alleine von den gegebenen Sachinformationen ab, sondern auch von der gewählten Sprache.

Wie schon beim Aspekt der Eindeutigkeit von Zielen herausgestellt, ist ein sorgsamer Umgang mit der Sprache im Interesse der Aussagepräzision eine elementare Bedingung. Darüber hinaus hängt es von der verbalen Formulierung sowie den begleitenden nonverbalen Signalen (Stimme, Mimik, Gestik usw.) ab, ob
- das Ziel tatsächlich als verbindliche Soll-Vorgabe verstanden wird,

2. Aufbau von Vertrauen bei der Mitarbeiterführung

- das Ziel auf den Mitarbeiter motivierend und aktivierend wirkt und
- die Zielerreichung auch für ihn selbst kontrollierbar und bewertbar ist.

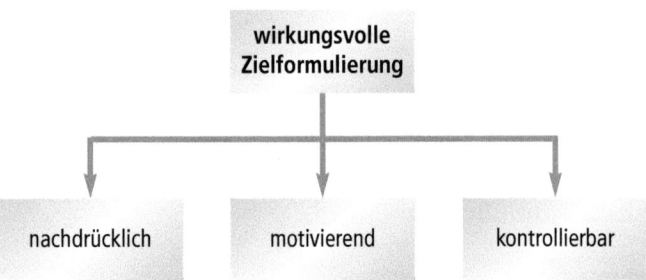

Nachdrücklichkeit

Ziel und nicht Wunsch

Die Formulierung darf keinen Zweifel daran aufkommen lassen, dass es sich um einen verbindlichen Auftrag handelt und nicht nur um eine Wunschvorstellung:

„Bitte sorgen Sie dafür, dass der Brief noch heute rausgeht", benennt einen anzustrebenden konkreten Endzustand und ist somit ein echtes Ziel.

„Es wäre gut, wenn Sie den Brief noch heute absenden könnten", beschreibt dagegen nur einen Wunsch.

Das Ziel muss in sich selbst logisch und widerspruchsfrei sein und darf auch nicht im Widerspruch zu anderen, bereits vereinbarten Zielen stehen. Werden gleichzeitig mehrere Arbeitsziele vereinbart, müssen Prioritäten gesetzt werden, damit die Mitarbeiter sich nicht verzetteln und sich dadurch überfordert fühlen. Die Prioritäten geben ihnen die Sicherheit, welche Arbeiten sie bei Engpässen am ehesten zurückstellen können, ohne gravierende Probleme zu schaffen.

Motivierungswirkung

Bei Zielformulierungen kommt es nicht nur auf das Übermitteln rationaler Informationen an, sondern es spielen auch die emotionalen Botschaften eine wichtige Rolle. Schließlich sollen Ziele nicht nur verstanden werden, sondern auch die Bereitschaft zur Zielverfolgung wecken bzw. eventuelle gefühlsmäßige Widerstände abbauen.

Auch emotionale Botschaften

Ziele motivieren und aktivieren am stärksten, wenn sie konkret, glaubhaft und positiv formuliert sind.

- Ziele sollten präzise und detailliert beschrieben werden. Je konkreter die Vorstellungen der Mitarbeiter vom Zielbild sind, desto bereitwilliger werden sie darauf hinwirken. Sind die Zielvorstellungen hingegen verschwommen, werden sie unsicher und zögerlich handeln.
- Zielvorgaben sollten in der Ich-Form und im Indikativ (Wirklichkeitsform) ausgedrückt sein. Arbeitsaufträge in der dritten Person oder im Konjunktiv (Möglichkeitsform) wirken unbestimmt und wenig überzeugend. Sie vermitteln den Eindruck, der Sprecher sei sich seiner Sache nicht sicher. Es hinterlässt im Unterbewusstsein eine andere Wirkung, ob ich sage: „Es wäre schön, wenn Sie das heute noch erledigen könnten", oder „Ich bitte Sie, das heute noch zu erledigen".
- Positiv formulierte Ziele stimmen optimistisch, machen Mut und setzen nachweisbar innere Kräfte frei. Negative Formulierungen hingegen stimmen pessimistisch und haben demzufolge eine bremsende Wirkung. Hinzu kommt, dass man sich einen „Nichtzustand" nicht bildhaft vorstellen kann. Der Vorsatz „Heute Abend werde ich nicht fernsehen" ist als Zustand nicht vorstellbar. Stattdessen lässt dieser Satz vor unserem geistigen Auge unweigerlich das Bild eines Fernsehers entstehen – also das, was wir

2. Aufbau von Vertrauen bei der Mitarbeiterführung

eigentlich gedanklich streichen wollten. Hingegen können wir uns das Ziel „Heute Abend mache ich einen Waldspaziergang" sehr plastisch vorstellen.

Kontrollierbarkeit

Möglichst messbar

Ein Ziel sollte so konkret wie möglich – möglichst sogar messbar – formuliert sein, damit später kontrolliert werden kann, inwieweit es tatsächlich erreicht wurde.

„Sehen Sie zu, dass Sie dafür nicht unnötig viel Geld ausgeben", ist zwar mehr als ein Wunsch, zeigt aber lediglich eine Zielrichtung an. Es ist kein absolutes, sondern ein sogenanntes Relativziel. Es ist nicht messbar und lässt daher offen, wie gut es erreicht wurde.

Messbare Ziele ermöglichen es den Mitarbeitern, den Grad ihrer Zielerreichung selbst zu beurteilen. Das gibt ihnen die Chance, Mängel oder Rückstände selbst zu erkennen und auch ohne Ermahnung durch den Chef nachzubessern. Können sie die Qualität ihrer Arbeitsergebnisse selbst beurteilen, könne sie auch ohne Anerkennung durch den Vorgesetzten auf ihre Leistungen stolz sein und Erfolgserlebnisse haben. Außerdem verhindern messbare Zieldaten unterschiedliche Bewertungen und beugen damit kontroversen, demotivierenden Diskussionen zwischen Führungskraft und Mitarbeitern vor.

> **Wem die Zielformulierung keine Mühe wert ist, den darf es nicht wundern, wenn die Zielverfolgung nur halbherzig ist.**

Ziele vereinbaren statt vorschreiben

Im Interesse eines flexiblen und marktorientierten Handelns sollten Zielsetzungen keine weisungsgemäßen Einbahnstraßen sein.

Arbeitsziele zu setzen war nach traditionellem Führungsverständnis einzig und alleine eine Sache der zuständigen Führungskraft. Es gab eine klare Trennung von Führen und Ausführen, von Anordnen und Befolgen. Erst in der Mitte des vorigen Jahrhunderts, als man in Unternehmen begann demokratische Führungsstile einzuführen, wurde diese strikte Abgrenzung der Funktionen durchgängiger. Das aus Amerika stammende Führungskonzept des „Management by Objectives" („Führen durch Zielsetzung") sah zwar weiterhin vor, dass die Führungskraft die Ziele vorgibt, stellte es aber den Mitarbeitern weitgehend frei, auf welche Weise sie diese erreichen. Da dieses Managementkonzept – wie auch die vielen folgenden Führungsstil-Experimente – nicht alle Erwartungen erfüllte, wurde es nach einigen Jahren von den meisten Unternehmen wieder fallen gelassen.

Traditionelle Art der Zielsetzung

Infolge des Abbaus von Hierarchieebenen (z. B. im Zuge des „Lean Managements") hat die Grundidee des Führens durch Zielformulierungen jedoch in den letzten Jahrzehnten eine Renaissance erfahren. Die wachsenden Belastungen und Zeitnöte der Führungskräfte machen es zwingend erforderlich, den Mitarbeitern mehr Selbstständigkeit und Eigenverantwortlichkeit einzuräumen. Mehr Eigenverantwortung setzt aber voraus, den Mitarbeitern eigene Entscheidungen zuzutrauen und sie dazu zu befähigen. Dazu gehört, sie umfassend zu informieren und ihnen das nötige Selbstvertrauen zu vermitteln.

Beteiligung der Mitarbeiter

2. Aufbau von Vertrauen bei der Mitarbeiterführung

> Selbstständigkeit der Mitarbeiter erfordert Selbstvertrauen und Selbstvertrauen gewinnen sie, indem man ihnen etwas zutraut.

Man hat erkannt, dass sich sowohl der erforderliche Informationsstand als auch das nötige Selbstvertrauen der Mitarbeiter am ehesten erzielen lassen, indem man sie bereits am Zielfindungsprozess beteiligt. Im Gegensatz zum früheren Führen durch „Ziel**vorgabe**" (Management by Objectives) spricht man heute vom Führen durch „Ziel**vereinbarung**".

Vielfacher Nutzen   Führen durch Zielvereinbarung entspricht einem demokratischen Führungsverständnis und hat folgende positiven Effekte: Die Beteiligung an der Zielfindung
- signalisiert Vertrauen,
- gewährleistet eine intensive Information der Mitarbeiter,
- bietet ihnen Gelegenheit, ihre Fragen oder Bedenken einzubringen,
- kommt ihrem Bedürfnis nach Mitgestaltung entgegen,
- schafft Zielakzeptanz und Identifikation mit der Aufgabe,
- fördert damit die Mitarbeitermotivation.

Die gedankliche Auseinandersetzung mit dem Arbeitsziel lenkt den Blick nach vorne und macht zukunftsorientiert. Die gemeinsamen Zielüberlegungen führen dazu, dass der betreffende Mitarbeiter automatisch über die Gründe und Hintergründe sowie die Rahmenbedingungen der Arbeitsaufgabe optimal informiert wird. Dieser Informationsstand wird ihm später helfen, bei auftretenden Problemen selbstständig und zielgerecht zu improvisieren. Da der Mitarbeiter das Ziel mitgestaltet hat, wird er sich nach besten Kräften bemühen, es zu erreichen und sich damit selbst zu bestätigen. Und er wird das Erreichen des Ziels weitaus stärker als persönlichen Erfolg empfinden, als wenn ihm alles vorgegeben war.

Ziele vereinbaren statt vorschreiben

In vielen Unternehmen gehört es inzwischen zu den verbindlichen Regelungen, dass die Führungskräfte mit ihren Mitarbeitern in regelmäßigen Abständen – meist jährlich – ein Zielvereinbarungsgespräch zu führen haben. Dabei kann nach zwei unterschiedlichen Gesprächsarten unterschieden werden:

Turnusmäßige Zielvereinbarungsgespräche

Sachzielgespräch	Entwicklungszielgespräch
↓	↓
Fordern von Arbeitsergebnissen	Fördern von Mitarbeiterfähigkeiten

Beim Sachzielgespräch geht es darum, welche Arbeiten ein Mitarbeiter bis wann und auf welche Weise erledigen soll. Derartige Vereinbarungen können sich sowohl auf langfristige Arbeitsziele als auch kurzfristige Einzelvorgänge beziehen.

Sachziele

Beim Vereinbaren von Entwicklungszielen geht es hingegen darum, mit dem Mitarbeiter über die betrieblich notwendige Weiterentwicklung seiner Fähigkeiten bzw. den Erwerb neuer Qualifikationen zu sprechen und gegebenenfalls die dazu erforderlichen Maßnahmen zu vereinbaren. Oder es geht um die eigenen Wunschvorstellungen des Mitarbeiters hinsichtlich seiner weiteren beruflichen Laufbahn. Handelt es sich bei einer Zielvereinbarung ausschließlich um derartige Fragen, wird das entsprechende Gespräch auch als „Fördergespräch" bezeichnet.

Entwicklungsziele

Häufig kommt es zu einer Vermischung beider Zielarten. Zum Beispiel kann es sich bei Vereinbarungen der Sachziele einer neuartigen Arbeitsaufgabe herausstellen, dass der Mitarbeiter für diese Art der Arbeiten nicht die ausreichenden Kenntnisse besitzt und zunächst eine Fortbildung benötigt. Oder der Mitarbeiter äußert im Rahmen eines Fördergesprächs den Wunsch, auch einmal andere Arbeiten über-

Kombinationen

tragen zu bekommen, um sich für einen höherwertigen Posten qualifizieren zu können. In manchen Unternehmen ist es sogar üblich, dass der Vorgesetzte mit dem Mitarbeiter bei dieser Gelegenheit auch über die Beurteilung der Mitarbeiterleistungen der vergangenen Arbeitsperiode spricht. Auf diese Weise wird das Gespräch zu einer Kombination aus Zielvereinbarungs-, Förder- und Beurteilungsgespräch. Diese Art der Gespräche wird als „jährliches Mitarbeitergespräch" oder kurz „Jahresgespräch" bezeichnet.

> Damit Zielvereinbarungsgespräche zu von beiden Seiten getragenen Vereinbarungen führen, ist es wichtig, dass sie in einer vertrauensvollen und spannungsfreien Atmosphäre geführt werden.

Ungewollte Emotionen einkalkulieren

Da es bei Zielvereinbarungsgesprächen – insbesondere bei den kombinierten Jahresgesprächen – stets auch um persönliche Belange des Mitarbeiters geht, kann es leicht zu ungewollten Emotionen kommen, die den Gesprächserfolg gefährden. Das gilt vor allem dann, wenn bei der Rückschau auf die letzte Arbeitsperiode kritische Punkte angesprochen werden müssen und damit zwangsweise das Selbstwertgefühl des Mitarbeiters berührt wird.

> Hauptverantwortlicher für einen konstruktiven Gesprächsverlauf ist der Vorgesetzte, denn zu seinen Führungsaufgaben gehört es, ein leistungsförderndes Arbeitsklima zu gewährleisten.

Von einem psychologisch ungeschulten und möglicherweise weniger sprachgewandten Mitarbeiter kann das nicht in gleichem Maß erwartet werden.

Ziele vereinbaren statt vorschreiben

Gute Voraussetzungen für einen optimalen Gesprächsverlauf kann die Führungskraft durch eine sorgfältige Gesprächsvorbereitung schaffen. Vor dem Gespräch findet man meist noch die Muße, um die wichtigsten Punkte gründlich und mit der erforderlichen emotionalen Distanz zu durchdenken sowie für günstige Rahmenbedingungen zu sorgen. Es wäre fahrlässig, diese Chance nicht zu nutzen!

Gespräche sorgfältig vorbereiten

Bei allem Bemühen um ein vertrauensvolles Gesprächsklima darf es die Führungskraft nicht dazu kommen lassen, dass man das Gesprächsziel aus den Augen verliert. Der Mitarbeiter muss spüren, dass es die Führungskraft ernst meint und das Zielvereinbarungsgespräch zu konkreten Vereinbarungen führen muss.

> **Bei einem Zielvereinbarungsgespräch geht es nicht um einen zwanglosen Meinungsaustausch, sondern um formelle, für beide Seiten verbindliche Abmachungen.**

Zu einer Zielvereinbarung gehören üblicherweise folgende Punkte:

Die Inhalte

- Bilanz der zurückliegenden Arbeitsperiode
- Ausblick auf die künftigen Entwicklungen im Gesamtunternehmen
- künftige Anforderungen an den eigenen Organisationsbereich
- allgemeine Erwartungen des Mitarbeiters an die kommende Arbeitsperiode
- Arbeitsziele für den Mitarbeiter in der kommenden Periode
- zu schaffende Voraussetzungen für die Arbeitsabwicklung
- gegebenenfalls erforderliche Qualifizierungsmaßnahmen für den Mitarbeiter
- Kontrollvereinbarungen

2. Aufbau von Vertrauen bei der Mitarbeiterführung

Empfehlenswerte Schriftform

Da es sich um Abmachungen handelt, an denen sich der Mitarbeiter bei seinen Arbeiten und der Vorgesetzte bei seinen Kontrollen sowie bei seiner Ergebnisbeurteilung orientieren sollen, ist es hilfreich, die Vereinbarungen in einem schriftlichen Protokoll festzuhalten.

> Ein Protokoll macht es sicherer, dass es später nicht zu Auffassungsunterschieden, Konflikten oder sogar folgenschweren Zielverfehlungen kommt.

Eindruck des Misstrauens vermeiden

Allerdings sollte die Schriftform beim Mitarbeiter nicht den Eindruck erwecken, es gehe um eine „verhandlungsschriftliche Vernehmung" oder es solle auf ihn besonderer Druck ausgeübt werden. Vielmehr ist es ihm verständlich zu machen, warum die Dokumentation für beide Seiten hilfreich ist. Ein standardisiertes Formblatt kann dem Eindruck des persönlichen Misstrauens vorbeugen. Darüber hinaus erleichtert es die Schreibarbeit, hält zu einer folgerichtigen Vorgehensweise an und verhindert, dass wichtige Punkte übersehen werden. In vielen Unternehmen sind heutzutage bereits Formblätter für Zielvereinbarungen vorgegeben. Wo das nicht der Fall ist, sollte man sich zumindest für den eigenen Führungsbereich eine einheitliche Schriftform schaffen. Nachstehend ist ein entsprechendes Formblattmuster abgebildet, wobei anzumerken ist, das es hierfür keine verbindliche Norm gibt.

> **Zielvereinbarungen signalisieren Vertrauen und machen „Mit-Arbeiter" zu „Mit-Verantwortlichen".**

Ziele vereinbaren statt vorschreiben

Zielvereinbarung	zwischen (Führungskraft): und (Mitarbeiter/in):	Gesamtziel/ Vorhaben: Datum:
Zielelemente	Vereinbarungen	Bemerkungen
Zielgrößen Was soll nach Möglichkeit erreicht werden? Was muss mindestens erreicht werden?		
Bewertungsgrößen Wie viel soll erreicht werden? Wie gut bzw. genau sollen die Ergebnisse sein?		
Teilziele In welchen Schritten soll das Gesamtziel erreicht werden?		
Termine Bis wann sollen bzw. müssen die Ergebnisse vorliegen?		
Voraussetzungen Welche und wie viele Ressourcen dürfen eingesetzt werden? Welche flankierenden Maßnahmen sind notwendig? Wer ist zu beteiligen?		
Kontrolle Wer kontrolliert was, wie und wann?		

Unterschrift Mitarbeiter/in: Unterschrift Führungskraft:

2. Aufbau von Vertrauen bei der Mitarbeiterführung

Delegation als Vertrauensbeweis

> „Mitarbeiter" heißt nicht, dass man als Führungskraft für den Betreffenden ständig „mitarbeitet".

Delegieren von Tätigkeiten

Es zählt zu den Selbstverständlichkeiten, dass Führungskräfte die ihnen übertragenen Aufgaben nicht überwiegend selbst erledigen, sondern Teilaufgaben weitestgehend an ihre Mitarbeiter delegieren. Was das Delegieren von Arbeiten, also reinen Tätigkeiten, anbelangt, so haben Führungskräfte damit normalerweise keine grundsätzlichen Probleme.

Delegieren von Verantwortung

Anders sieht es aus, wenn es darum geht, auch Verantwortung zu delegieren und damit zwangsläufig den Mitarbeitern die erforderlichen Befugnisse zu übertragen. Zu diesen Befugnissen kann zählen,

- alleine Entscheidungen zu treffen,
- andere Mitwirkende anzuweisen und anzuleiten oder
- für die Firma Verbindlichkeiten einzugehen (z. B. durch übertragene Unterschriftsbefugnis).

Führungskräfte geraten bei der Frage, ob sie bei anspruchsvollen Aufgaben ihren Mitarbeitern derartige Befugnisse einräumen dürfen oder damit ihre Vorgesetztenpflichten verletzen könnten, verständlicherweise oft in Zweifel. Dafür spielen vor allem zwei Gesichtspunkte eine Rolle. Erstens geht man damit das Risiko ein, dass von den Mitarbeitern aus Leichtfertigkeit, blindem Eifer, Revanchegelüsten oder sonstigen Gründen Fehler gemacht und Schäden angerichtet werden, für die man als zuständige Führungskraft vom Unternehmen zur Rechenschaft gezogen wird. Zweitens ist das Delegieren von Verantwortung immer auch mit dem Abgeben eines Teils der eigenen Machtbefugnisse verbunden. Es ist nicht auszuschließen, dass Mitarbeiter diesen Machtzuwachs für ihre persönlichen Interessen missbrauchen, indem sie sich eigene Vorteile verschaffen, sich auf Kosten der Autorität des Vorgesetzten zu profilieren suchen oder diesem sogar seinen Posten streitig machen.

Verantwortungsdelegation bedeutet für die Führungskraft auch Macht abzugeben im Vertrauen darauf, dass diese nicht missbraucht wird.

Ängstliche neigen deshalb dazu, riskante Aufgaben lieber selbst zu erledigen, was schnell zur eigenen Überlastung sowie zum Vernachlässigen anderer wichtiger Aufgaben führen kann. Andere delegieren zwar, kontrollieren dann aber derart häufig und genau, dass sie unter dem Strich kaum eine zeitliche Entlastung erzielen. Außerdem entmündigen sie damit ihre Mitarbeiter und erziehen sie zur Unselbstständigkeit.

Risiken, die auch Chancen bergen

Doch liegen in den oben beschriebenen Risiken der Verantwortungsdelegation gleichzeitig große Chancen – sowohl für die Führungskraft selbst als auch für die Mitarbeiter.

Nutzeffekte für die Führungskraft können sein:
- Entlastung zu Gunsten wichtigerer Führungsaufgaben
- Befähigung der Mitarbeiter, auftretende Probleme auch bei Abwesenheit des Vorgesetzten zu lösen
- Heranbilden von Mitarbeitern für längerfristige Vorgesetztenvertretungen
- Erkennen verborgener Qualitäten und Entwicklungspotenziale von Mitarbeitern

Nutzeffekt für die Mitarbeiter können wie folgt aussehen:
- Chancen für motivierende Erfolgserlebnisse
- Stärkung von Verantwortungsbewusstsein und Risikobereitschaft

2. Aufbau von Vertrauen bei der Mitarbeiterführung

- Entwickeln von Selbstständigkeit, Kreativität, Entscheidungsfähigkeit
- Erwerb neuer Fähigkeiten durch Erfahrungen und daraus resultierende Aufstiegschancen

> Allerdings muss auch klar gesagt werden, dass jede Verantwortungsdelegation ihre Grenzen hat.

Diese Grenzen zu erkennen fällt leichter, wenn man sich der unterschiedlichen Arten von Verantwortung und der daraus resultierenden Konsequenzen bewusst ist.

Die Handlungsverantwortung

> Mit einem Arbeitsauftrag wird dem Mitarbeiter automatisch die Handlungsverantwortung übertragen.

Vertragliche Mitarbeiterpflicht Der Mitarbeiter übernimmt generell die Verantwortung dafür, dass er die im Arbeitsvertrag üblicherweise enthaltenen Pflichten erfüllt. Dazu bedarf es keiner gezielten Anweisung für jeden Einzelfall.

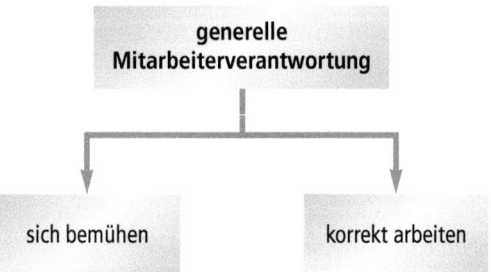

Es gehört zu den selbstverständlichen Pflichten eines jeden Mitarbeiters,
- sich nach besten Kräften für die Aufgabenerfüllung einzusetzen,
- die vereinbarten bzw. allgemein gültigen Regeln zu beachten und
- seine durch Ausbildung oder Einarbeitung erworbenen Fähigkeiten einzubringen.

Beispiel: Auch ohne ausdrückliche Ermahnung seines Vorgesetzten hat ein Lieferfahrer die Bestimmungen der Straßenverkehrsordnung zu beachten und wird er bei Verstößen von der Polizei persönlich zur Verantwortung gezogen.

Die Entscheidungsverantwortung

Anders liegen die Dinge, wenn es sich nicht nur um die Regeltätigkeiten oder um planmäßige Arbeitsabläufe handelt.

Wie in besonderen Einzelfällen zu verfahren ist, liegt grundsätzlich in der Entscheidungsverantwortung des Vorgesetzten, kann aber – soweit vertretbar – fallweise delegiert werden.

Dabei sind der erzielbare Nutzen einer Delegation einerseits sowie der Aufwand und die Risiken andererseits in jedem Einzelfall gegeneinander abzuwägen.

Eine Frage der Situationsbewertung

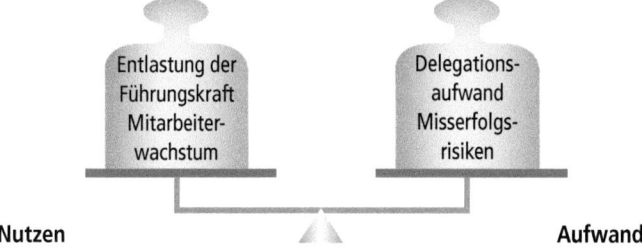

Nutzen — Aufwand

Entlastung der Führungskraft / Mitarbeiterwachstum

Delegationsaufwand / Misserfolgsrisiken

2. Aufbau von Vertrauen bei der Mitarbeiterführung

Der nötige erhöhte Delegationsaufwand besteht darin, dass dem Mitarbeiter mehr Informationen gegeben werden müssen, wenn er nicht nur strikt nach Anweisung arbeiten, sondern auch verantwortlich Entscheidungen treffen soll.

Die Misserfolgsrisiken können darin begründet sein, dass der Mitarbeiter
- Informationen missversteht,
- er hinsichtlich seiner Entscheidungsfähigkeiten überfordert ist oder
- es ihm an der nötigen Sorgfalt mangelt.

Beispiel: Es wird die Motivation eines Lieferfahrers steigern, wenn man ihm die eigenverantwortliche Festlegung seiner täglichen Fahrtroute überlässt. Andererseits geht man dabei das Risiko ein, dass er die Dringlichkeit eines Auftrags falsch einschätzt und den Kunden zu spät beliefert.

Da es sich bei der Delegation von Entscheidungsverantwortung um eine Ermessensfrage handelt, spielt hier das Vertrauen zum jeweiligen Mitarbeiter eine maßgebliche Rolle.

Die Gesamtverantwortung
Die Gesamtverantwortung für einen Führungsbereich hat stets Vorrang gegenüber den anderen Verantwortungsarten.

Die Gesamtverantwortung der Führungskraft ist der Kern des persönlichen Führungsauftrags und somit nie delegierbar.

Beispiel: Auch im vorstehend beschriebenen Fall verbleibt die Gesamtverantwortung trotz der Entscheidungsdelegation beim Vorgesetzten. Letzten Endes hat er die Folgen einer Fehlentscheidung seines Mitarbeiters gegenüber der Unternehmensleitung zu vertreten.

Der Grundsatz der Gesamtverantwortung gilt sogar bei Abwesenheit (z. B. wegen Urlaubs): Der Vorgesetzte muss rechtzeitig Vorkehrungen treffen, dass die Arbeiten so organisiert sind, die Mitarbeiter so qualifiziert wurden und er die Vertretungsfrage so geregelt hat, dass es auch während seiner Abwesenheit zu keinen vermeidbaren Problemen kommen kann.

Gesamtverantwortung auch bei Abwesenheit

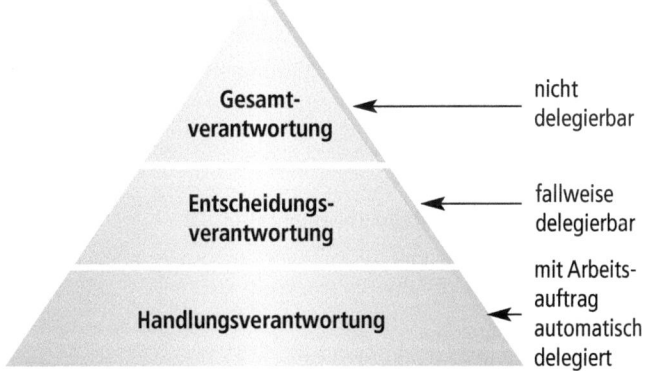

Hierarchie der Verantwortungsarten

Die Delegierbarkeit von Aufgaben
Wägt man den erzielbaren Nutzen gegen die möglichen Risiken ab, so erkennt man Aufgabenarten, die sich für das Delegieren der Entscheidungsverantwortung besonders anbieten, während andere eher nicht delegiert werden sollten.

Unterschiedliche Delegationseignung

Zur Delegation gut geeignete Aufgaben sind die folgenden:
- häufig wiederkehrende Arbeiten mit einmaligem Einweisungsaufwand

- zeitaufwendige Arbeitsaufgaben mit geringem Fehlerrisiko
- durch Vorschriften oder allgemeine Vorgaben weitgehend geregelte Tätigkeiten
- Detailaufgaben und Tätigkeiten für Spezialisten
- routinemäßige Ausführungsentscheidungen
- typische Stellvertreteraufgaben
- weiterqualifizierende Einzelarbeiten zur Einübung

Zur Delegation weniger gut oder nicht geeignet sind dagegen diese Aufgaben:
- Treffen von Grundsatzentscheidungen
- Entscheidungen mit großer Tragweite oder hohem Fehlerrisiko
- Entscheidungen in außergewöhnlichen Situationen
- streng vertrauliche Angelegenheiten
- grundlegendes Informieren und Anleiten der Mitarbeiter
- Kontrollieren, Beurteilen und Kritisieren der Mitarbeiter
- disziplinarische Maßnahmen
- Angelegenheiten der Mitarbeiterfürsorge

Keine Allgemeingültigkeit

Allerdings kann es sich hierbei nur um eine tendenzielle Klassifizierung ohne generelle Gültigkeit handeln. Jeder Einzelfall liegt anders und bedarf sorgsamer Abwägung. Um ihrer Gesamtverantwortung trotz Delegation von Entscheidungsverantwortung gerecht werden zu können, muss sich die Führungskraft davon überzeugen, dass die delegierten Aufgaben auch tatsächlich im Sinn der Zielvereinbarung erledigt werden bzw. wurden.

Die Langzeitwirkung von Delegation

Delegation dient der Personalentwicklung und Vertrauensbildung

Nur wenn man Mitarbeitern gelegentlich auch Verantwortung überträgt, kann man erwarten, dass sie zu engagierten und selbstständig handelnden Partnern heranreifen. Nur so gibt man ihnen die Chance, neue Fähigkeiten und das Selbstvertrauen für anspruchsvollere Aufgaben zu entwickeln.

Nicht zu unterschätzen sind die langfristigen positiven Auswirkungen auf das Vertrauensverhältnis. Gerade weil ein Vorgesetzter beim Delegieren von Verantwortung nicht unerhebliche Risiken eingeht, beweist er damit den Mitarbeitern sein Vertrauen. Er leistet damit einen Vertrauensvorschuss, der den eingangs geschilderten Regelkreis in Gang setzt und dazu beiträgt, dass das so wichtige Vertrauensfundament entstehen kann oder stabilisiert wird.

> **Verantwortungsdelegation ist in mehrfacher Hinsicht eine Investition in die Zukunft.**

Verständnisvolles Umgehen mit Mitarbeiterwiderständen

Es gibt Führungskräfte, die stolz darauf sind, dass ihre Mitarbeiter Arbeitsanweisungen stets widerspruchslos zur Kenntnis nehmen und ausführen. Sie sehen das als einen Beweis dafür, dass in ihrer Abteilung alles bestens funktioniert. Sie sind davon überzeugt, dass ihre Anordnungen offenbar sinnvoll und die Mitarbeiter mit ihrer Arbeit und der Art, wie sie geführt werden, zufrieden sind.

Unrealistisches Selbstbild der Führungskraft

Zweifellos kann diese Einschätzung auch zutreffend sein. Bei genauerem Hinsehen und wenn man im vertraulichen Gespräch die tatsächlichen Meinungen der Mitarbeiter über ihre Arbeitssituation hört, ist oft aber genau das Gegenteil der Fall: Die Mitarbeiter widersprechen nur deshalb nicht, weil sie genügend oft die Erfahrung machen mussten, dass es sich bei ihrem Vorgesetzten um einen Menschen handelt, der
- sich Kritik oder Gegenvorschläge zwar wohlwollend anhört, letztlich aber doch nach seiner eigenen Meinung verfährt,

2. Aufbau von Vertrauen bei der Mitarbeiterführung

- es aufgrund seines Wissensvorsprungs oder seiner rhetorischen Fähigkeiten ohnehin stets schafft, die Argumente anderer zu entkräften,
- grundsätzlich keinen Widerspruch duldet, sondern verärgert und mit Zurechtweisungen reagiert oder
- er kritische Mitarbeiter gegenüber den Jasagern tendenziell benachteiligt.

Wenn Mitarbeiter niemals widersprechen, wird es Zeit, dass man sein Führungsverhalten selbstkritisch überprüft!

Menschliche Widerstände sind etwas Normales

Hat man engagierte Mitarbeiter, die selbst an bestmöglichen Arbeitsergebnissen interessiert sind, so werden sie selbstverständlich nicht immer sofort derselben Meinung sein wie die Führungskraft. Für nahezu jedes Argument gibt es auch ein bedenkenswertes Gegenargument. Es gibt nun mal nicht die einzig wahre Wahrheit und selbst die qualifizierteste Führungskraft macht manchmal Fehler!

Außerdem ist es naturgegeben, dass es nicht immer auf Zustimmung stößt, wenn Menschen sich auf Anweisung anderer anstrengen und Arbeiten verrichten sollen. Aufgrund ihrer individuellen Mentalität, Erfahrungen und Lebenssituation haben Menschen unterschiedliche Einstellungen und Bedürfnisse, die bei einem Arbeitsauftrag unterschiedliche Reaktionen auslösen können – unter anderem eben auch Skepsis oder Vorbehalte, aber auch Trotzreaktionen bis hin zur Verweigerung.

Verständnisvolles Umgehen mit Mitarbeiterwiderständen

Widerstände von Mitarbeitern können höchst unterschiedliche Gründe haben:
- Entweder der Betreffende ... **versteht nicht,**
- oder er hat verstanden, aber ... **glaubt nicht,**
- oder er hat verstanden und glaubt, aber ... **kann nicht,**
- oder er hat verstanden, glaubt, kann, aber ... **will nicht.**

Mögliche Gründe

Strebt man ein partnerschaftliches Arbeitsklima an, sollte man Mitarbeiterwiderstände als normale Begleiterscheinungen von Arbeitsprozessen werten und nicht als generell böswilliges Verhalten.

Schließlich können diese Widerstände durchaus auch Positives bewirken. Widerstände können den Vorgesetzten
- veranlassen, seine Anordnung noch einmal kritisch zu überdenken sowie plausibel zu begründen,
- sich intensiver mit möglichen Risiken oder Problemen auseinanderzusetzen, sie rechtzeitig einzukalkulieren und ihnen vorzubeugen und
- sogar vor schwerwiegenden Fehlentscheidungen bewahren.

Das Positive an Widerständen

Was jedoch nicht bedeuten soll, sich mit Widerständen von Mitarbeitern abzufinden. Vielmehr gebietet es die Führungsverantwortung, sich zwar mit den Einwänden verständnisvoll zu befassen, sie aber im Interesse der Zielerreichung zu überwinden. Dazu können zwei grundsätzlich verschiedenartige Wege beschritten werden, die in der nachfolgenden Abbildung dargestellt sind.

Dennoch nicht einfach hinnehmen

2. Aufbau von Vertrauen bei der Mitarbeiterführung

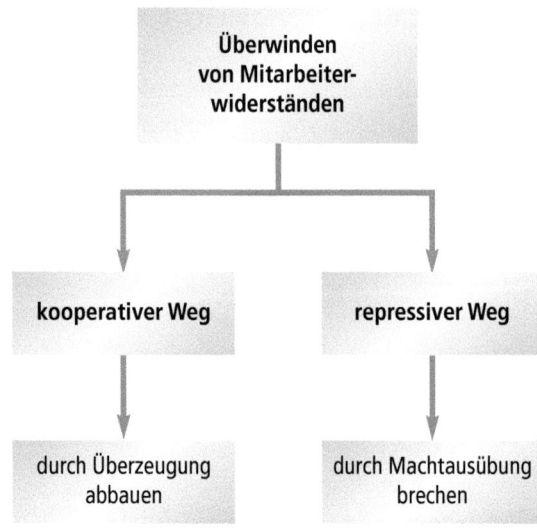

Durch Überzeugung abbauen, ist der **anzustrebende** Weg, weil
- dadurch echtes Engagement und hohe Leistungsbereitschaft geweckt werden,
- eigenverantwortliches und selbstständiges Handeln gefördert werden,
- ein positives, mitmenschliches Arbeitsklima geschaffen wird und
- künftigen Widerständen aus ähnlichen Anlässen vorgebeugt wird.

Es ist der **einzig** gangbare Weg, wenn die Führungskraft keine ausreichenden Machtmittel besitzt bzw. einsetzen kann.

Durch Machtausübung brechen, ist der **angemessene** Weg, wenn
- die Dringlichkeit keine zeitaufwendigen Erläuterungen zulässt,
- der Überzeugungsaufwand unverhältnismäßig hoch wäre,

- das Vorgehen wegen bindender Vorgaben nicht diskutabel ist oder
- keine längerfristige Zusammenarbeit beabsichtigt ist.

Es ist der **einzig** gangbare Weg, wenn alle Überzeugungsversuche gescheitert sind, die Auftragserledigung aber unverzichtbar ist.

Die beiden unter „einzig gangbarer Weg" aufgeführten Kriterien begrenzen den Entscheidungs- und Handlungsspielraum der Führungskraft und können sie in eine problematische Zwangslage bringen: Stellt sich nämlich bei realistischer Betrachtung heraus, dass die Ausschlusskriterien beider Alternativen gegeben sind, also **keiner** der beiden Wege gangbar ist, bleibt nichts anderes übrig, als den Arbeitsauftrag einem gutwilligeren Mitarbeiter zu übertragen, die Arbeit selbst zu erledigen oder gänzlich auf sie zu verzichten – sofern vertretbar. So unbefriedigend diese Erkenntnis auch ist, muss sich die Führungskraft eingestehen, hier an die Grenzen ihrer Durchsetzungsmöglichkeiten gelangt zu sein. Dies nicht wahrhaben zu wollen und weitere untaugliche Versuche zu unternehmen, auf den Mitarbeiter einzuwirken, kann bis zur Lächerlichkeit führen!

Grenzen der Durchsetzungsmöglichkeit

Einen zum Scheitern verurteilten Weg zu verfolgen, nur um Führungsstärke zu beweisen, führt letztlich zum Autoritätsverlust.

Im Umgang mit Widerständen von Mitarbeitern beweist sich der Führungsstil eines Vorgesetzten. Sieht man von der oben geschilderten Zwangssituation ab, muss sich die Führungskraft beim Auftreten von Widerständen immer wieder neu entscheiden, welchen Weg sie zu deren Überwindung gehen will. Bevorzugt sie eher den kooperativen Weg, so entspricht

Eine Frage des Führungsstils

2. Aufbau von Vertrauen bei der Mitarbeiterführung

das einem demokratischen und vertrauensfördernden Führungsstil. Wählt sie hingegen überwiegend den repressiven Weg, entspricht das einem autokratischen und sachorientierten Führungsstil, der kaum geeignet ist, ein Klima echten gegenseitigen Vertrauens aufkommen zu lassen.

> Will und kann man den Weg des Überzeugens gehen, muss man jedoch zuvor die Ursachen für die ablehnende Mitarbeiterhaltung ergründen.

Ursachen-ermittlung

Um die Ursachen für eine ablehnende Mitarbeiterhaltung zu erkennen, sollte man:

- sich in die Lage des Mitarbeiters versetzen und die Dinge einmal mit seinen Augen betrachten – manchmal wird man dann feststellen müssen, dass die Vorbehalte aus dieser Perspektive durchaus verständlich sind,
- ihm den Sinn und Nutzen des Vorhabens sowie gegebene Sachzwänge einsehbar machen,
- mit Verständnis für seine Situation gemeinsam nach einer für beide Seiten akzeptablen Vorgehensweise suchen,
- aber nicht versuchen, dem Mitarbeiter seine fundamentalen Wertvorstellungen und Grundsätze auszureden.

Nur wenn man sich in verständnisvoller Weise mit den Ursachen von Mitarbeiterwiderständen auseinandersetzt, wird man einen partnerschaftlichen Weg zu deren Beseitigung erkennen.

Der schmale Grat zwischen Vertrauen und Manipulation

Im Abschnitt „Arten und Formen von Vertrauen" war auch das sogenannte „strategische Vertrauen" genannt. Damit ist gemeint, dass der Vertrauensgeber bewusst abwägt, ob er mit seinem Vertrauensvorschuss das Risiko eingeht, Schaden zu erleiden, oder ob er als Gegenleistung einen Gewinn für sich erwarten kann. Dieser Vertrauenseinsatz wird auch als „kalkulatorisches Vertrauen" bezeichnet.

Strategisches Vertrauen

In der Literatur wird diese Art des Vertrauens vielfach heftig kritisiert und teilweise sogar argumentiert, der Begriff Vertrauen dürfe auf ein derartiges Verhalten überhaupt nicht angewendet werden. Vertrauen dürfe nicht als das Ergebnis einer rationalen Entscheidung gesehen werden, sondern sei der Ausdruck einer emotionalen Beziehungsqualität. Es sei eine rein gefühlsmäßige Einstellung und beruhe vor allem auf einem Gefühl der Verbundenheit. Ohne diesen Definitionsstreit aufgreifen zu wollen, darf aber wohl gesagt werden, dass auch Gefühle und gefühlsmäßige Beziehungen nicht unbegründet sind, sondern ihren Ursprung in erster Linie in Erfahrungen oder in der Art der persönlichen Wahrnehmung von Ereignissen haben.

Sowohl rationale als auch emotionale Elemente

Wie auch immer: Eine Vertrauensbeziehung ist mit einer wechselseitigen Einflussnahme auf das Handeln anderer verbunden. Indem man entgegengebrachtes Vertrauen akzeptiert, fühlt man sich normalerweise verpflichtet, es zu rechtfertigen. Da wir diesen Vertrauensmechanismus kennen oder zumindest in unserem Unterbewusstsein gespeichert haben, ist sicher niemand davon frei, Vertrauen auch zielgerichtet einzusetzen – also zur Manipulation anderer.

Wechselseitige Einflussnahme

2. Aufbau von Vertrauen bei der Mitarbeiterführung

Manipulation: ein ursprünglich wertfreier Begriff

„Manipulation" ist ein zu Unrecht negativ besetzter Begriff. Er stammt vom lateinischen Wort „manus" und bedeutet „Hand". „Manipulieren" heißt somit schlicht und einfach „handhaben" oder sinngemäß „Einfluss nehmen". (Wenn wir etwas mit unseren Händen herstellen, machen wir es „manuell".) Es ist also ein von seinem Ursprung her wertfreier Begriff. Er hat den negativen Beigeschmack nur deshalb bekommen, weil er heutzutage überwiegend im Sinn einer schädigenden Einflussnahme gebraucht wird. Wir sprechen vom Manipulieren vor allem dann, wenn jemand auf eine Person oder einen Vorgang mit der Absicht einwirkt, sich auf seine Kosten einen einseitigen Vorteil zu verschaffen oder jemandem vorsätzlich einen Schaden zuzufügen.

Manipulation kann Positives bewirken

In seiner ursprünglichen Bedeutung kann Manipulation sehr wohl auch etwas Positives sein. Wenn ich jemanden davon zurückhalte, bei Rot über die Kreuzung zu gehen, oder ihn überrede, keine übereilte Kaufentscheidung zu treffen, so ist auch das eine Einflussnahme – also Manipulation –, aber in diesen Fällen zum Nutzen des Betreffenden. Was nicht ausschließt, dass man sich auch selbst einen Nutzen davon verspricht. Vielleicht weil man ein Dankeswort hören will, eine Belohnung erwartet oder um ganz einfach als hilfsbereiter Mensch zu gelten. Streng genommen, tun wir nichts völlig selbstlos, sondern handeln stets auch egoistisch. Egoismus ist ein natürlicher Selbsterhaltungstrieb.

Mitarbeitermanipulation über Vertrauen

Halten wir fest: Sofern eine Manipulation auch dem Manipulierten nützt, ist sie nichts Verwerfliches, sondern ein Beitrag zum Funktionieren menschlicher Beziehungen und Gemeinschaften. Somit ist auch ein strategisch eingesetztes Vertrauen etwas Positives, wenn es den Interessen beider Seiten dient. Der bewusst eingesetzte Vertrauensvorschuss einer Führungskraft, um ein leistungssteigerndes Vertrauensverhältnis zu seinen Mitarbeitern aufzubauen, soll natürlich in erster Linie den Unternehmenserfolg sichern und sicher auch

Der schmale Grat zwischen Vertrauen und Manipulation

dem persönlichen Führungserfolg dienen. Gleichzeitig aber tut man damit auch etwas für die Mitarbeiterzufriedenheit und das harmonische Zusammenarbeiten. Wobei sich zwischen den Nutzeffekten meist verstärkende Rückkopplungen ergeben: Steigt durch ein vertrauensvolles Arbeitsklima die Leistungsbereitschaft der Mitarbeiter, erhöht sich der Unternehmensgewinn und werden dadurch Lohnerhöhungen, verbesserte Aufstiegschancen oder sonstige Vergünstigungen für die Mitarbeiter ermöglicht.

Ein gezielt eingesetzter Vertrauensvorschuss im Interesse der leistungssteigernden Arbeitszufriedenheit ist zwar eine Manipulation der Mitarbeiter, aber eine für beide Seiten nützliche und somit eine gerechtfertigte Führungsmaßnahme.

Allerdings darf nicht verkannt werden, dass die Grenze zwischen positiver und negativer Manipulation oft fließend ist. Alles Gute im Leben hat auch etwas Schlechtes und es ist manchmal nur die Frage, was für wen überwiegt. Einerseits kann ein vom Vorgesetzten initiiertes vertrauliches Mitarbeitergespräch dazu dienen, den Grund für den Leistungsabfall eines Mitarbeiters zu erfahren – zum Beispiel ein gesundheitsbedingtes Leistungshandikap –, um ihn vor künftigen Überforderungen oder ungerechtfertiger Kritik bewahren zu können. Andererseits kann sich die Kenntnis der eingeschränkten Belastbarkeit bei einer späteren Beförderungsentscheidung zum Nachteil des Mitarbeiters auswirken.

Fließende Grenze zwischen positiver und negativer Manipulation

Für die ethische Bewertung ist entscheidend, mit welcher ursprünglichen Absicht der Vorgesetzte das Mitarbeitervertrauen geweckt hatte.

2. Aufbau von Vertrauen bei der Mitarbeiterführung

Manipulationsverdacht trotz lauterer Absichten

Doch auch wenn bei diesem Beispiel der Vorgesetzte das Gespräch mit den besten Absichten und im Interesse des Mitarbeiters herbeigeführt hatte, ist es nicht auszuschließen, dass dieser sich später rückblickend manipuliert fühlt. Wenn er nämlich erkennt, dass sich seine dem Vorgesetzten anvertraute Information für ihn letztlich negativ ausgewirkt hat. Die neutrale, objektive Beurteilung einer Vertrauensmaßnahme kann anders ausfallen als die subjektive Bewertung durch die Vertrauenspartner. Entscheidend für die Auswirkungen ist immer, welche Art der Vertrauensbeziehung besteht, also ob der Mitarbeiter davon überzeugt ist, dass der Vorgesetzte sein Vertrauen niemals vorsätzlich missbrauchen würde, oder ob er ihm das durchaus zutraut.

Die Gefahr einer negativen Manipulation hängt oft auch von situativen Einflüssen ab: Wäre der Vorgesetzte nicht veranlasst worden, eine Eignungsprognose für die Beförderungsentscheidung abzugeben, hätte es zu einem Verdacht negativer Manipulation gar nicht kommen können.

> **Jeder Vertrauensakt beinhaltet ein Restrisiko, was jedoch nicht zu einer misstrauischen Grundhaltung führen darf.**

Dieses Restrisiko darf eine Führungskraft nicht davon abhalten, sich um ein positives Vertrauensverhältnis zu seinen Mitarbeitern zu bemühen. Die geschilderten Wechselwirkungen verdeutlichen aber auch, in welchem Zwiespalt sich Führungskräfte systembedingt permanent befinden:

Der schmale Grat zwischen Vertrauen und Manipulation

Einerseits verlangt der Führungsauftrag, die Unternehmensziele zu verfolgen, andererseits muss sich die Führungskraft im Hinblick auf die Mitarbeitermotivation, die reibungslose Zusammenarbeit sowie die Fürsorgepflicht auch für die Belange der Mitarbeiter einsetzen. Wobei sich Letzteres rückwirkend auch auf den Arbeitserfolg positiv auswirken, aber dennoch im Widerspruch zu bestimmten Unternehmensvorgaben stehen kann.

Zwiespältigkeit des Führens

> Immer wieder gilt es, die Unternehmens- und Mitarbeiterbelange verantwortungsbewusst gegeneinander abzuwägen und bei Nachteilen für die Mitarbeiter im Geiste gegenseitigen Vertrauens deren Verständnis zu erwirken.

Eine bewusst negative Manipulation von Mitarbeitern ist selbstverständlich generell abzulehnen, wenn man sich nicht das Vertrauen seiner Mitarbeiter verscherzen will!

Enttäuschungen der Mitarbeiter wegen vermeintlicher negativer Manipulation durch den Vorgesetzten kann nur durch ein belastbares Vertrauensverhältnis vorgebeugt werden.

2. Aufbau von Vertrauen bei der Mitarbeiterführung

Gefahren für das Vertrauensverhältnis

Mitarbeitervertrauen ist ein zartes Pflänzchen, das der ständigen Pflege bedarf und durch ungünstige klimatische Einflüsse Schaden nehmen kann.

Schwerwiegende Ursachen

Hier eine Aufzählung der – zum Teil in den vorigen Abschnitten bereits angesprochenen – besonders schwerwiegenden Ursachen für die Beschädigung der Vertrauensbeziehung zu Mitarbeitern:
- mangelnde Authentizität und Berechenbarkeit der Führungsperson
- Unaufrichtigkeit, Unfairness und Indiskretionen
- einseitige Sach- und Aufgabenbezogenheit des Vorgesetzten
- mangelndes Einfühlungsvermögen
- unzureichende Information und Kommunikation
- unglaubwürdige Zielsetzungen
- häufige und nicht nachvollziehbare Umorganisationen
- bewusste oder fahrlässige negative Manipulationen
- Täuschung der Mitarbeiter

Mangelhafte Vertrauenskultur in Unternehmen

Die Ergebnisse einer Untersuchung des Wirtschaftswissenschaftlichen Zentrums der Universität Basel aus dem Jahr 2001 (siehe ergänzende Literatur am Ende dieses Buchs) zeigen, dass es mit der Vertrauenskultur in vielen Unternehmen seit den letzten Jahren ziemlich traurig aussieht. Ein Forscherteam hatte bei mehreren Unternehmen der chemischen Industrie Befragungen zur Mitarbeiterbefindlichkeit durchgeführt. Sie hatten dazu die vier in der Abbildung dargestellten Gefühlskategorien als Indizien für die Befindlichkeit benannt:

Gefahren für das Vertrauensverhältnis

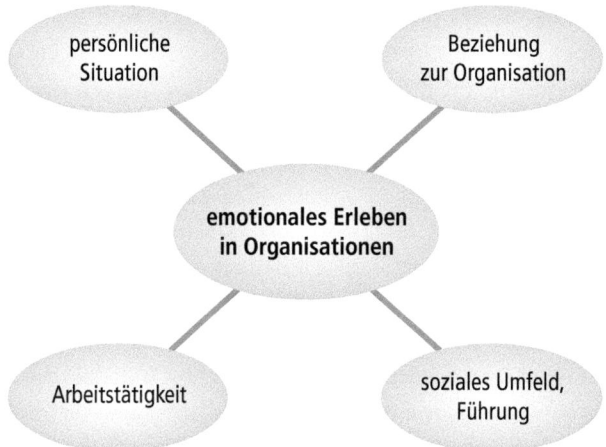

Die Gefühlskategorien der Mitarbeiterbefindlichkeit

Bezogen auf diese Gefühlskategorien wurden folgende drei zentralen Fragenstellungen formuliert: **Fragen zur Befindlichkeit**
- Welche Gefühle prägen den Arbeitsalltag der Befragten?
- Auf welche wahrgenommenen Situationen und Erlebnisse bezogen sich diese Emotionen?
- Mit welchen Verhaltenstendenzen reagieren die Befragten darauf?

Die Auswertung der Antworten ergab, dass 40 Prozent der Befragten sich dahin gehend äußerten, ihr Arbeitsalltag sei stark von Frustrationen geprägt. 30 Prozent nannten dabei als vorherrschende negative Gefühle nahezu gleichrangig: **Die negativen Antworten**
- Enttäuschung
- Misstrauen
- Ärger/Wut/Trotz/Aggression

2. Aufbau von Vertrauen bei der Mitarbeiterführung

Diese besonders prägenden Negativgefühle sind Ausdruck gestörter Beziehungen zum Management. Sie bezogen sich insbesondere auf die Manager der oberen Ebenen und die Repräsentanten der Firmen. Ihnen wurden persönliche Attribute zugeschrieben wie

- Inkompetenz
- Egoismus
- Selbstherrlichkeit
- Unehrlichkeit
- Größenwahn
- Unglaubwürdigkeit
- Eitelkeit
- Opportunismus

Entfremdung vom Management

Diese Aussagen weisen überdeutlich darauf hin, dass die Befragten den Unternehmensleitungen nicht mehr vertrauen. Sie ärgern sich über die Managementrhetorik und misstrauen den Informationen seitens des Managements, dem sie keine Glaubwürdigkeit zubilligen. Insbesondere die Formulierungen „leere", „hohle", falsche" oder „nicht eingehaltene" Versprechungen wurden vielfach verwendet. Sie lassen eine erschreckende Entfremdung vom oberen Management durch Enttäuschungen vielfältiger Art erkennen. Auch hier bestätigt sich der Spruch:

> Einer Täuschung folgt die Enttäuschung.

Positive Beziehungen zu Kollegen

Überwiegend positiv wurden hingegen die Beziehungen zu den Kollegen sowie die allgemeine Zusammenarbeit eingestuft. Das deutet darauf hin, dass unmittelbare menschliche Kontakte sich ausgesprochen positiv auf die Befindlichkeit auswirken. Des Weiteren wurde der Stolz auf die eigenen Leistungen besonders häufig genannt.

Frustrierende Änderungsmaßnahmen

Auffällig häufig wurden von vielen Befragten negative Gefühle im Zusammenhang mit raschen innerbetrieblichen Wandelungsprozessen erwähnt. Sie fühlen sich nicht als Beteiligte, sondern nur als negativ Betroffene. Besonders verärgert reagieren sie auf arbeitsaufwendige Maßnahmen, die schon nach kurzer Zeit wieder rückgängig gemacht werden. Häufige Veränderungsvorgänge lösen Ängste aus und führen zum Sinnverlust.

Nun könnte man einwenden, dass diese Befragungsergebnisse nicht repräsentativ und nicht mehr aktuell sind, da sie aus einer einzigen Branche und aus dem Jahr 2001 stammen. Eine allgemein negative Tendenz dürften sie aber dennoch aufzeigen: Die Chemieindustrie zählt nicht gerade zu den wirtschaftlich besonders schwachen Branchen und die Stimmung in den Unternehmen hat sich, wie vielfach berichtet wird, seit 2001 eher verschlechtert. *Übertragbare Ergebnisse*

Aus den ernüchternden Erkenntnissen der Untersuchung lassen sich folgende Empfehlungen ableiten: *Einige Schlussfolgerungen*

Emotionen ernst nehmen
Der Arbeitsplatz ist eine Quelle positiver wie negativer Gefühle, die zu verschiedenartigen Verhaltenstendenzen der Mitarbeiter führen. Mitarbeiter setzen ihre Leistungspotenziale in Abhängigkeit von ihrer Befindlichkeit ein. Daher dürfen ihre Emotionen nicht als vernachlässigbare vorübergehende Phänomene behandelt werden.

Wandel weckt starke Emotionen
Veränderungsprozesse können zwar von Freude am Gestalten und Begeisterung über neue Möglichkeiten begleitet sein, aber auch Angst, Misstrauen und Überdruss auslösen. Daher ist es wichtig, diesen negativen Gefühlen durch Vermeidung unnötiger Änderungsmaßnahmen, Aufklärung der Mitarbeiter und rechtzeitige Beteiligung vorzubeugen.

Enttäuschungen führen zu Misstrauen
Nehmen die Mitarbeiter beim Management Inkonsequenz, Unehrlichkeit oder unangemessene Vorteilsnahmen wahr,

führt das zwangsläufig zu Vertrauensverlusten, die sich über kurz oder lang negativ auf die Leistungsbereitschaft der Mitarbeiter auswirken. Daher ist tunlichst alles zu vermeiden, was die Glaubwürdigkeit der Unternehmensleitung und ihrer Manager infrage stellen könnte. Insbesondere sollten nicht aus taktischen Gründen Versprechungen oder Zusagen gemacht werden, die später nicht eingehalten werden.

Entfremdung vom Management verhindern
Durch unzureichende innerbetriebliche Kommunikation und abgehobenes Verhalten von Führungskräften entsteht eine Distanz zwischen den Führungs- und Ausführungsebenen. Sie führt bei den Führungskräften zu Realitäts- und bei den Mitarbeitern zu Vertrauensverlusten und lässt deren Identifikation mit dem Unternehmen schwinden. Also sollte umfassend informiert und Kontakt zu den Mitarbeitern gehalten werden.

Gemeinschaftliche Werte schaffen
Gerade in Zeiten des schnellen Wandels ist es wichtig, den Mitarbeitern durch ein überzeugendes Unternehmensleitbild, vorbildhaftes Managerverhalten und vertrauensvolle Vorgesetztenkontakte positive Wertvorstellungen und verlässliche Orientierungsmöglichkeiten zu vermitteln.

> Mitarbeiter zu enttäuschen ist manchmal unvermeidbar – sie zu täuschen ist dagegen unverzeihbar!

3. Kontrolle ohne Vertrauensverluste

„Vertraue auf Gott, aber binde zuerst dein Kamel an."

MOHAMMED

Kontrolle aus arbeitswissenschaftlicher Sicht

Eine Führungskraft kann ihrer Gesamtverantwortung für den eigenen Zuständigkeitsbereich nur dann gerecht werden, wenn sie sich vergewissert, ob

- die angestrebten Arbeitsziele tatsächlich erreicht werden,
- die vorgegebenen Vorschriften und Regeln dabei eingehalten werden und
- mit den Ressourcen (Zeit, Werkstoffe, Energie) sparsam umgegangen wird.

Verantwortlichkeit der Führungskraft

Nur durch Kontrollen kann die Führungskraft Mängel im Arbeitsprozess oder an den Arbeitsergebnissen rechtzeitig erkennen und Gegenmaßnahmen einleiten. Kontrollen können beispielsweise folgende Mängel sichtbar machen:

- unrealistische Zielvorgaben
- missverständliche Zielformulierungen
- unzweckmäßige Arbeitsorganisation
- unzureichend qualifiziertes oder motiviertes Personal
- fehlende oder mangelhafte Arbeitsmittel
- Störungen durch äußere Einflüsse

Aufdecken von Mängeln

3. Kontrolle ohne Vertrauensverluste

> Arbeitswissenschaftlich betrachtet ist Kontrolle ein Soll-Ist-Vergleich.

Kybernetischer Regelkreis — Kontrollen erfüllen im Arbeitsprozess eine wichtige regulierende Aufgabe. Sie sind quasi der Regler in einem kybernetischen Regelkreis.

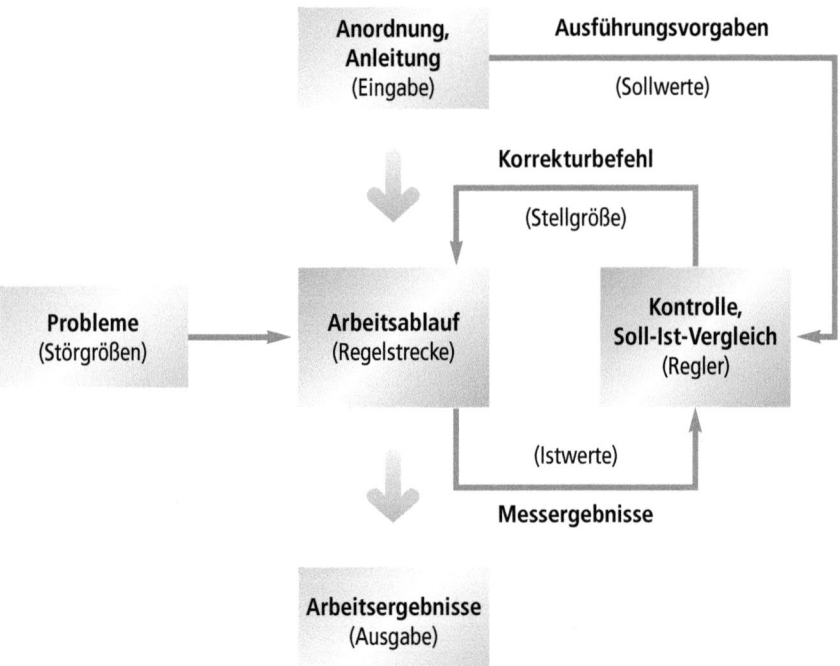

> Je mehr eine Führungskraft delegiert, desto mehr muss sie im Hinblick auf ihre Gesamtverantwortung kontrollieren.

Kontrollen haben aber nicht nur eine rationale Funktion, sondern wirken sich auch auf die Gefühle und damit das Arbeitsverhalten der Kontrollierten aus. Verständnisvoll eingesetzt können Kontrollen das Engagement und die Leistungsbereitschaft der Mitarbeiter steigern und die Weiterentwicklung ihrer Kenntnisse und Fertigkeiten fördern. Kontrolle ist somit auch ein Instrument der Personalentwicklung. Unsensibel eingesetzt kann es jedoch auch genau gegenteilige emotionale Effekte auslösen!

Auch psychologische Funktionen

Kontrollen sichern das Erreichen der Arbeitsziele und bieten Chancen zur Mitarbeitermotivierung. Kontrollieren ist daher eine unverzichtbare Führungsaufgabe.

Kontrolle aus führungspsychologischer Sicht

Im Allgemeinen wird die Notwendigkeit von Kontrollen auch von den Mitarbeitern anerkannt. Es ist ihnen klar, dass sich die verantwortliche Führungskraft vergewissern muss, ob die Arbeitsziele tatsächlich erreicht wurden und die Arbeitsgüte zufriedenstellend ist.

Verstandesmäßige Akzeptanz

Dennoch wird Kontrolle meist als unangenehm empfunden. Begriffe wie „Kontrolle", „Prüfung", „Revision" oder „Inspektion" sind für die meisten Menschen gefühlsmäßig negativ besetzt. Kontrollmaßnahmen lösen sowohl beim Kontrollierten als auch beim Kontrolleur meist Unbehagen aus. Es stellen sich bei ihnen häufig die nachstehend beschriebenen Gefühlslagen ein.

Gefühlsmäßige Ablehnung

Kontrolle wird von den Mitarbeitern leicht als Misstrauensbeweis des Vorgesetzten empfunden, was die beiderseitige Vertrauensbeziehung belasten kann. Außerdem müssen die

Negative Mitarbeitergefühle

3. Kontrolle ohne Vertrauensverluste

Mitarbeiter bei Kontrollen natürlich befürchten, dass der Vorgesetzte tatsächlich Fehler aufdeckt, was ihnen peinlich wäre und – insbesondere wenn auch andere davon erfahren – ihr Ansehen verletzen würde. Ganz abgesehen davon, dass sie möglicherweise für die Fehlerbeseitigung aufkommen müssen (Nachbesserungsarbeiten oder sogar Haftungsansprüche).

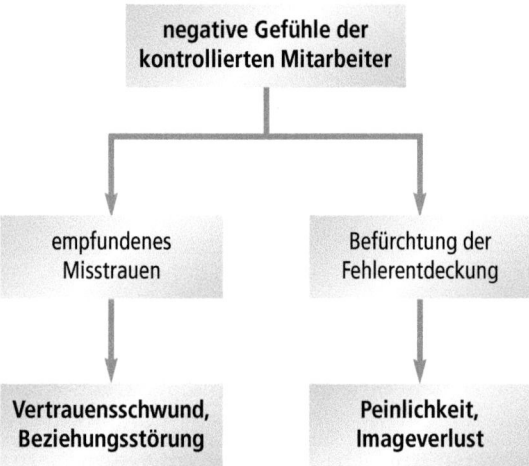

Gefühlsreaktionen dieser Art sind durchaus verständlich.

> **Schließlich wird beim Kontrollieren einer Arbeit nicht nur der betreffende Sachverhalt bewertet, sondern automatisch auch der Mitarbeiter selbst, und wird somit sein Selbstwertgefühl berührt.**

Kontrolle aus führungspsychologischer Sicht

Wenn man nicht gerade einem unzuverlässigen Mitarbeiter aufgrund strategischer Überlegungen bewusst Fehler nachweisen oder ihm aus welchen sonstigen Gründen auch immer Böses will, hat man auch als Führungskraft keine Freude am Kontrollieren.

Im Bewusstsein, möglicherweise die beschriebenen negativen Mitarbeitergefühle zu bewirken, geraten meist auch die Führungskräfte bei Kontrollmaßnahmen in eine negative Gefühlslage. Insbesondere bei allgemein zuverlässigen Mitarbeitern befürchten sie, den Anschein unbegründeten Misstrauens zu erwecken und sich dadurch das Vertrauen der Kontrollierten zu verscherzen und sie zu demotivieren. Es wäre ihnen peinlich, bei ihnen tatsächlich Fehler zu finden. Außerdem wissen sie aus Erfahrung, dass der Hinweis auf erkannte Mängel unerfreuliche oder sogar aggressive Rechtfertigungsdebatten auslösen kann, die das Zusammenarbeitsklima belasten. Derartige Befürchtung haben vor allem solche Vorgesetzten, die selbst in der Sache unsicher sind, sich der Kontrollaufgabe nicht gewachsen fühlen und/oder nicht wissen, wie man ein konstruktives Kritikgespräch führt.

Befürchtungen der Führungskraft

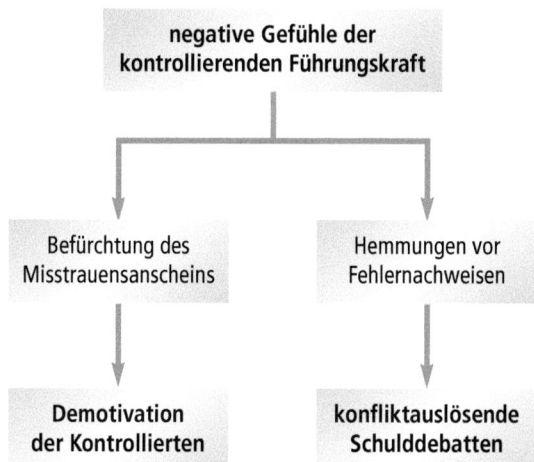

3. Kontrolle ohne Vertrauensverluste

Dennoch dürfen diese emotionalen Aspekte nicht dazu führen, auf notwendige Kontrollen zu verzichten.

Nutzen für die Mitarbeiter

Schließlich dienen Kontrollen in vielerlei Hinsicht auch den Belangen der Mitarbeiter:
- Kontrolle schafft die Voraussetzungen für Erfolgserlebnisse der Mitarbeiter.
- Nur durch Kontrollen werden ihre Leistungen wahrgenommen und können anerkannt werden.
- Kontrollen dienen der gerechten Leistungsbeurteilung und Entlohnung.
- Es können Schwierigkeiten erkannt und notwendige Hilfen gegeben werden.
- Das Erkennen von Über- oder Unterforderungen ermöglicht einen leistungsgerechten Arbeitskräfteeinsatz.
- Unzumutbare persönliche Risiken können erkannt und vermieden werden.
- Bei rechtzeitiger Kontrolle kann der Mitarbeiter seine Fehler selbstständig korrigieren und somit doch noch zum Erfolg gelangen.
- Dem Kontrollierten eröffnen sich Chancen, aus Fehlern zu lernen und daran zu wachsen.
- Kontrollen nehmen die Ungewissheit und entlasten somit.

> **Es ist also nicht die Frage, ob kontrolliert wird, sondern wie.**

Mitarbeiterkontrollen trotz vertrauensvoller Führung

> Vertrauensvolle Mitarbeiterführung und Mitarbeiterkontrollen müssen einander nicht ausschließen.

Zwischen Vertrauen und Kontrolle besteht eine Wechselwirkung: In einem Klima gegenseitigen Vertrauens ist es natürlich leichter, bei den Mitarbeitern das Verständnis für Kontrollmaßnahmen zu gewinnen. Andererseits ist dieses Vertrauen erst dann zu erwarten, wenn die Mitarbeiter wissen, dass Kontrollen ohne schädigende Absicht und in verständnisvoller Weise durchgeführt werden. Wenn sie es im Laufe der Zeit immer wieder erfahren, dass man als Führungskraft

Eine Wechselwirkung

- Kontrollen unbefangen ankündigt, sie als Selbstverständlichkeit betrachtet und keine Peinlichkeit aufkommt lässt,
- den Mitarbeitern die Kontrollziele und den Kontrollablauf vorher erklärt,
- nicht vorrangig nach Fehlern sucht, sondern Arbeitserfolge bestätigt bekommen möchte,
- nicht die Person des Mitarbeiters, sondern seine Arbeitsergebnisse kontrollieren will,
- bei erkannten Fehlern bzw. Mängeln nicht die Schuldfrage in den Vordergrund stellt, sondern die Fehlerkorrektur,
- mangelhaften Kontrollergebnissen keine überzogenen disziplinarischen Maßnahmen folgen lässt und
- bei einwandfreien Ergebnissen auch die Mitarbeiter am Erfolgserlebnis teilhaben lässt.

3. Kontrolle ohne Vertrauensverluste

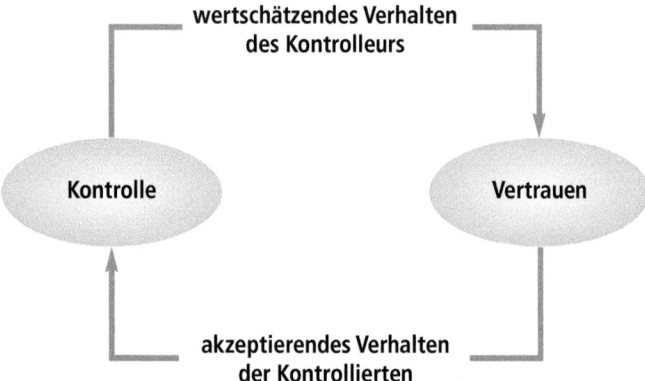

Abbau von Ängsten und Vorbehalten Je häufiger Mitarbeiter positive Erfahrungen mit dem Kontrollverhalten ihres Vorgesetzten machen, desto mehr schwinden ihre Ängste vor Kontrollen und desto eher werden sie ihre Vorbehalte abbauen. Dann werden Kontrollen ihr Vertrauen nicht mindern, sondern es eher stärken.

> Wertschätzende Kontrolle behindert Vertrauen nicht, sondern begleitet es.

Die unterschiedlichen Kontrollarten

Je nachdem, was man mit einer Kontrolle erreichen oder aber auch vermeiden will, kann man unterschiedliche Arten von Kontrolle einsetzen. Kontrolle ist nicht gleich Kontrolle! Die unterschiedlichen Kontrollarten lassen sich nach folgenden drei Kriterien einordnen:

- Kontrollträger: Wer kontrolliert?
- Kontrollinhalt: Was wird kontrolliert?
- Kontrollintensität: Wie häufig/genau wird kontrolliert?

Die unterschiedlichen Kontrollarten

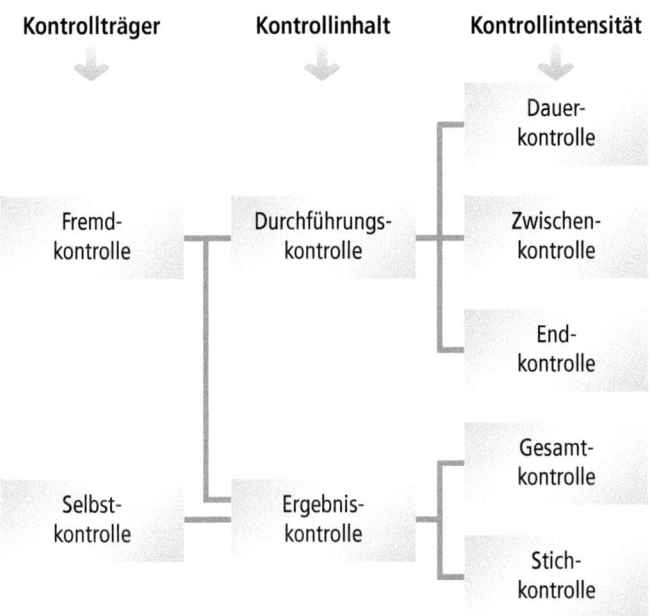

Bei der Fremdkontrolle kann es der Vorgesetzte selbst sein, der kontrolliert, aber auch ein von ihm Beauftragter. Die „Durchführungskontrolle" wird auch als „Überwachung" bezeichnet. (Allerdings weckt dieser Begriff meist besonders negative Gefühle.)

Will man seine Mitarbeiter in einem Klima der Arbeitszufriedenheit führen und gleichzeitig den größtmöglichen Nutzen für das Unternehmen erzielen, sollte man nicht gedankenlos oder gewohnheitsmäßig stets auf dieselbe Weise kontrollieren, sondern die Vielfalt des oben dargestellten Instrumentariums nutzen.

Keine stereotypen Kontrollmaßnamen

Bei der Wahl der optimalen Kontrollart sind die positiven und negativen Kriterien der sich bietenden Alternativen gegeneinander abzuwägen.

3. Kontrolle ohne Vertrauensverluste

Die Auswahlkriterien

Die positiven Kriterien bei der Wahl der Kontrollart:
- Fehlerminimierung, das heißt, inwieweit Fehler oder Fehlentwicklungen erkannt werden können, um sie zu beseitigen oder zu mindern
- Qualitätssteigerung, das heißt, ob aufgrund der Kontrollergebnisse Ansätze gefunden werden können für künftige Verbesserungen oder vorbeugende Maßnahmen

Die negativen Kriterien bei der Wahl der Kontrollart:
- Kontrollaufwand, das heißt, wie viel an Zeit, Geräten oder Material für die Kontrollmaßnahmen aufgewendet werden muss
- Demotivationsrisiko, das heißt die Gefahr, durch die Kontrollmaßnahmen bzw. -ergebnisse die Motivation und das Vertrauen der Mitarbeiter zu beeinträchtigen

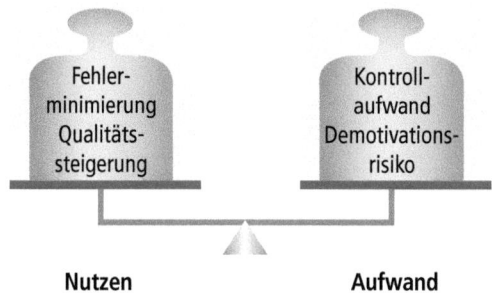

Die Qual der Wahl

Bei der Beurteilung konkreter Kontrollvorhaben wird man erkennen, dass sich selten eine einzig richtige Kontrollart ausmachen lässt. Je nach Arbeitsaufgabe und Arbeitssituation kommen die einzelnen Auswahlkriterien mehr oder weniger zum Tragen, und es lässt sich manchmal nicht so leicht abschätzen, wie stark sie sich auswirken werden. Dennoch kann die Kenntnis der Kontrollarten und das bewusste

Umgehen mit ihnen davor bewahren, größere und möglicherweise irreparable emotionale Schäden bei der Mitarbeiterkontrolle anzurichten.

Die bekannte These „Vertrauen ist gut, Kontrolle ist besser" sollte daher richtiger lauten:

> Vertrauen ist gut – die richtige Kontrolle auch.

Sechs Grundregeln für motivierendes Kontrollieren

Bei Beachtung der nachstehenden Regeln kann Kontrolle als etwas Hilfreiches und Selbstverständliches erlebt werden und, statt zu frustrieren, sogar motivierend wirken.

Regel 1: Geeignete Kontrollart wählen!
Es gibt keine einzig richtige, sondern eine Vielzahl verschiedenartiger Kontrollverfahren. Wer stereotyp immer auf die gleiche Weise kontrolliert, wird nur selten der jeweiligen Situation gerecht werden. Vielmehr sollte man die vielfältigen Gestaltungsmöglichkeiten dieses Führungsinstruments situationsgerecht nutzen.

Regel 2: Kontrolle rechtzeitig vereinbaren!
Überraschende Kontrollen geben den Mitarbeitern das Gefühl, sie sollten ertappt werden, und beeinträchtigen somit das Vertrauensverhältnis. Sie wirken auf Dauer verunsichernd, was die Fehlerhäufigkeit sogar steigern kann. Zuvor vereinbarte Kontrollen hingegen versachlichen und bieten Chancen zur Selbstkontrolle sowie zur selbstständigen Fehlerkorrektur. Verbietet sich die Ankündigung eines konkreten

3. Kontrolle ohne Vertrauensverluste

Kontrolltermins (z. B. bei der Kontrolle des Verhaltens gegenüber Kunden), sollte immerhin bekannt sein, dass überhaupt kontrolliert wird – allerdings unregelmäßig und verdeckt.

Regel 3: Kontrolle begründen und erklären!
Bei der Ankündigung von Kontrollen sollten diese begründet und das Kontrollverfahren offengelegt bzw. erklärt werden. Nur dann können die Mitarbeiter die Kontrollen als gerecht empfinden und sie akzeptieren. Dem Gefühl persönlicher Schikane wird dadurch vorgebeugt.

Regel 4: Nur Wichtiges kontrollieren!
Kontrolle sollte stets angemessen und keine Prinzipienreiterei sein. Wer sich selbstständig handelnde und risikobereite Mitarbeiter wünscht, muss selbst bereit sein, vertretbare Risiken einzugehen, und Mut zur Lücke beweisen. Undifferenzierte Kontrollen können auch dazu führen, dass Mitarbeiter viel Zeit für minder Wichtiges aufwenden, nur um möglichst viele positive Ergebnisse vorweisen zu können. Das steht jedoch im Widerspruch zu einer rationellen, am Gesamterfolg orientierten Arbeitsweise.

Regel 5: Nicht nur nach Fehlern suchen!
Mitarbeiter dürfen nicht den Eindruck gewinnen, es sollen nur Fehler nachgewiesen werden. Vielmehr müssen auch Ergebnisse normaler Güte den Kontrollierten mitgeteilt und überdurchschnittliche ausdrücklich anerkannt werden. Man sollte keine Chance auslassen, motivierende Erfolgserlebnisse zu vermitteln – dabei aber ehrlich bleiben!

Regel 6: Konstruktive Fehlerkultur schaffen!
Das bedeutet, dass man es die Mitarbeiter spüren lässt, dass man Fehler als zwar bedauerliche, aber natürliche menschliche Unzulänglichkeiten akzeptiert und von niemandem erwartet, perfekt zu sein. Fehler sollte man nicht grundsätzlich dramatisieren, sondern sie an ihren tatsächlichen Aus-

wirkungen messen und sie auch als Chancen zum Erfahrungsgewinn betrachten. Führungskräfte sollten sich nicht mit unproduktiver Suche nach Schuldigen aufhalten, sondern sich auf die Ursachenermittlung und Fehlerkorrektur konzentrieren.

> **Kontrolle sollte nicht vorrangig im Sinne der Fehlersuche, sondern der Erfolgsbestätigung betrieben werden.**

Herstellen einer vertrauensvollen Fehlerkultur

Menschen machen bekanntermaßen Fehler – wobei es oft eine Frage der Sichtweise ist, ob etwas als falsch oder richtig zu bezeichnen ist. Der Psychologe und Sprachforscher Paul Watzlawick hat einmal geschrieben, es gebe keine einzig wahre Wirklichkeit, sondern nur auf persönlichen Bewertungen beruhende Wirklichkeitsauffassungen. Mit anderen Worten, was *wahr* beziehungsweise fehlerfrei ist, ist eine Frage der persönlichen *Wahr*nehmung. Was gemeinhin als Fehler bezeichnet wird, sind oft nur fehlgeschlagene Versuche, eine Lösung zu finden. So gesehen, sind Fehler sogar wünschenswert, da es ohne sie keinen Fortschritt gibt. Fortschritt beruht stets auf einer Kette von Irrtümern – der Mensch „irrt sich voran".

Irrtümer können voranbringen

> Ohne Fehltritte fehlen die Erfahrungsschritte zum Fortschritt.

3. Kontrolle ohne Vertrauensverluste

Perfektion als Wunschvorstellung Niemand und nichts ist perfekt, immer gibt es etwas zu verbessern. So ist das Streben nach Perfektion auch der Grundsatz des Total-Quality-Managements (TQM) in Unternehmen. Es ist eine Managementmethode, die das ständige Optimieren der Arbeitsprozesse und Produkte in den Mittelpunkt stellt. Zweifellos trägt diese Art der Qualitätsoptimierung maßgeblich zu den heutigen Erfolgen vieler Unternehmen bei. Dieser Grundsatz darf aber von Führungskräften nicht in der Weise missverstanden werden, dass Mitarbeiter perfekt sein müssen, also Fehler überhaupt nicht erst auftreten dürfen.

> Perfektion ist ein in letzter Konsequenz unerreichbares Ziel und der Weg dorthin führt stets über Irrtümer und Fehler.

Perfektionismus macht ängstlich Wer als Führungskraft den Anspruch der Perfektion erhebt, wird ängstlich alles vermeiden, was zu Fehlern führen kann. Er wird dazu neigen, seine Mitarbeiter akribisch zu kontrollieren sowie auftretende Fehler zu dramatisieren und vorschnell als Folgen von Fahrlässigkeit, Unfähigkeit oder gar Böswilligkeit zu werten. Die Reaktionen der Mitarbeiter auf einen solchen Führungsstil sind naturgemäß:
- Vermeiden jeglicher Risiken
- Scheu vor Verantwortung und Eigeninitiative
- Unselbstständigkeit
- geringe Arbeitszufriedenheit und Leistungsbereitschaft
- Enttäuschungen bis hin zur Resignation
- Misstrauen gegenüber der Führungskraft

> Will man solchen leistungsmindernden Arbeitshaltungen vorbeugen, ist eine positive Fehlerkultur zu schaffen.

Herstellen einer vertrauensvollen Fehlerkultur

Da niemand unfehlbar ist, sollte man als Führungskraft den Mut aufbringen, seinen Mitarbeitern ein vertretbares Maß an Fehlern zuzugestehen. Man sollte nicht die Chancen übersehen, die Fehlern innewohnen:

Fehler sind gleichzeitig Chancen

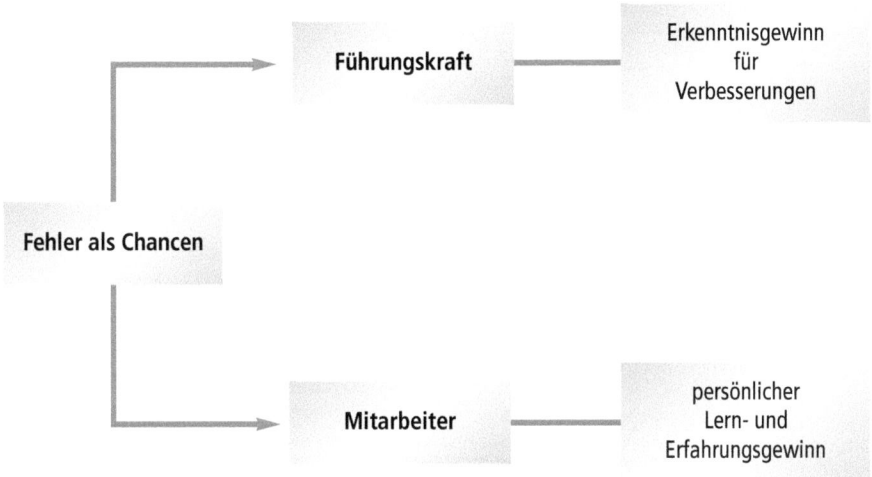

Fehler bieten der Führungskraft manchmal nützliche Erkenntnisse im Hinblick auf Schwachstellen und Verbesserungsmöglichkeiten und somit Qualitätssteigerungen. Die Mitarbeiter wiederum können an ihren Fehlern lernen und sich weiterentwickeln – unter der Voraussetzung, dass bei ihnen die notwendige Einsicht und Bereitschaft geweckt wurde.

Selbstverständlich gibt es auch Fehler und Fehlverhaltensweisen von Mitarbeitern, die keinesfalls toleriert werden dürfen und in schwerwiegenden Fällen auch Sanktionen erfordern. Das gilt in erster Linie bei Fahrlässigkeit und Vorsatz. Wie bei einer Gerichtsverhandlung sind aber auch beim Bewerten der Fehler von Mitarbeitern deren Motive zu berücksichtigen.

Fehler jedoch nicht ignorieren

3. Kontrolle ohne Vertrauensverluste

Fehlerursachen berücksichtigen

Wurden Fehler erkannt, die mit den anzustrebenden Arbeitszielen nicht vereinbar und somit nicht hinnehmbar sind, so ist ihr Gewicht daran zu messen,
- inwieweit unmissverständliche Zielvorgaben existiert hatten,
- die notwendigen Arbeitsmittel und Befugnisse gegeben waren,
- der Mitarbeiter für die Arbeit ausreichend qualifiziert war,
- er mit der nötigen Sorgfalt und Anstrengungsbereitschaft gearbeitet hatte und
- welches Ausmaß der Fehler hat und welche Folgen.

Keine vorschnelle Schuldzuweisung

Erst danach kann die Schuldfrage zutreffend beantwortet werden. Weist man einem Mitarbeiter vorschnell die Schuld zu, fühlt er sich naturgemäß ungerecht behandelt, reagiert frustriert und sein Vertrauen zum Vorgesetzten ist lädiert.

> **Kritisiert oder bestraft man einen Mitarbeiter wegen eines Fehlers zu Unrecht, so schafft man sich neben dem eigentlichen Sachproblem ein zusätzliches Motivationsproblem.**

Während das Korrigieren eines fehlerhaften Arbeitsergebnisses meist mehr oder minder unproblematisch ist, kann das Wiedergutmachen der Demotivation eines Mitarbeiters ein langwieriger Prozess ohne Erfolgsgarantie sein!

Korrektur wichtiger als Schuldfrage

Doch selbst dann, wenn die Schuld beim Mitarbeiter liegt, ist es müßig, darüber lang und breit zu diskutieren. Vielmehr muss es darum gehen, dem Mitarbeiter die Folgen des Fehlers zu verdeutlichen und mit ihm eine zweckmäßige Vorgehensweise zur Fehlerbeseitigung zu vereinbaren.

Existiert eine positive Fehlerkultur, werden die Mitarbeiter eher bereit sein, verantwortungsbewusst denkend auf begangene Fehler von sich aus hinzuweisen. Sie eröffnen dadurch dem Vorgesetzten die Chance, Gegenmaßnahmen zu veranlassen, um Schaden zu verhüten oder ihn zumindest zu begrenzen. Ist das nötige Vertrauen zum Vorgesetzten nicht gegeben, sind die Mitarbeiter naturgemäß bestrebt, Fehler möglichst zu vertuschen, um Unannehmlichkeiten aus dem Weg zu gehen. Insbesondere schwedische Unternehmen wie Ikea, Elektrolux und Tetrapak praktizieren mit Erfolg eine Führungskultur der Offenheit und des Vertrauens.

Kultur der Fairness und Ehrlichkeit

Es gilt ein Klima zu erzeugen, das die Mitarbeiter ermutigt, Fehler freiwillig zu bekennen und damit den Schaden begrenzen zu helfen.

4. Vertrauensfördernde und aufbauende Kritik

„Ehrliche Kritik ist ein Zeichen des Vertrauens."

FRANK DOMMENZ, ILLUSTRATOR

Sinn und Zweck von Mitarbeiterkritik

Begriffsdefinition Ähnlich wie das Wort „Kontrolle" ist das Wort „Kritik" im Allgemeinen gefühlsmäßig negativ besetzt. Von der sprachlichen Bedeutung her kann Kritik allerdings sowohl negativ als auch wertneutral gemeint sein. (Eine Theaterkritik muss nicht zwangsläufig ein Verriss sein!) Demzufolge liefert der Fremdwörter-Duden auch zwei unterschiedliche Definitionen:

- negativ: Beanstandung, Tadel
- wertneutral: Beurteilung, Begutachtung, Bewertung

Im Personalmanagement wird der Begriff allerdings fast ausschließlich im negativen Sinn verwendet und ist demgemäß auch in diesem Buch so zu verstehen.

> In der Führungslehre stehen Begriffe wie „Mitarbeiterkritik" oder „Kritikgespräch" stets im Zusammenhang mit einem beanstandenswerten Sachverhalt.

Sinn und Zweck von Mitarbeiterkritik

Mitarbeiterkontrollen führen naturgemäß nicht immer zu einwandfreien Ergebnissen, sondern decken auch Fehler oder Mängel auf. In diesen Fällen ist es die Aufgabe der zuständigen Führungskraft, dafür zu sorgen, dass je nach Dringlichkeit und gegebenen Möglichkeiten

Kritik als Konsequenz von Kontrolle

- die Fehler behoben werden oder
- zumindest deren Auswirkungen minimiert werden und/oder
- künftigen Fehlern vorgebeugt wird.

Auf alle Fälle wird es angezeigt sein, sich mit dem betreffenden Mitarbeiter kritisch ins Benehmen zu setzen. Dabei ist aber Folgendes zu bedenken:

> **Eine mühevoll aufgebaute Vertrauensbasis und Mitarbeitermotivation können durch eine ungeschickte oder verletzende Kritik schlagartig zunichtegemacht werden!**

Ein derartiger Effekt kann natürlich nicht Sinn und Zweck von Kritik sein. Kritik soll dazu dienen, ein Arbeitsproblem zu lösen, statt es durch ein Motivationsproblem zu ersetzen! Während sich Sachprobleme meist relativ einfach lösen lassen, kann das Wiederaufrichten eines demotivierten Mitarbeiters Jahre dauern, in extremen Fällen sogar hoffnungslos sein. Vielmehr sollte man als Führungskraft alles daransetzen, dass trotz des negativen Anlasses und trotz aller Kritik das Vertrauensverhältnis zum Mitarbeiter nicht beschädigt wird. Doch ist das leichter gesagt als getan!

Vertrauenskapital trotz Kritik bewahren

Eine konstruktive und partnerschaftliche Kritik ist durch folgende Merkmale gekennzeichnet:
- Kooperation statt Konfrontation
- Reparieren statt Demontieren
- Beurteilen statt Verurteilen

Zu beachtende Kriterien

4. Vertrauensfördernde und aufbauende Kritik

- Tatbestandsschilderung statt Persönlichkeitsbewertung
- Beobachtungsergebnisse statt Vermutungen
- Ursachenwürdigung statt einseitiger Ergebnisbewertung
- Bewusstmachen der Arbeitsauswirkunge statt des Androhens disziplinarischer Folgen
- in der Sache klare Sprache statt harter gefühlsbetonter Worte
- Suche nach Lösungen statt nach Schuldigen
- unter vier Augen statt vor anderen

> Missachtet man diese Kriterien, darf man sich nicht wundern, wenn sich der kritisierte Mitarbeiter gedemütigt oder ungerecht behandelt fühlt.

Motivierungs- und Kritikgespräche als Führungsinstrumente

Die Unterschiede Als Arten formeller Mitarbeitergespräche werden in der Führungslehre unter anderem das Motivierungsgespräch und das Kritikgespräch genannt. Ihre Unterscheidungsmerkmale sind die folgenden:
- Beim Motivierungsgespräch geht es um eine allgemein unbefriedigende Arbeitshaltung.
- Beim Kritikgespräch geht es dagegen um einen zu beanstandenden konkreten Tatbestand (z. B. fehlerhaftes Arbeitsergebnis oder Fehlverhalten des Mitarbeiters).

Die beiden Gesprächsarten lassen sich nicht immer trennscharf unterscheiden. Sie unterliegen ähnlichen Bedingungen und haben einen ähnlichen Verlauf. Meist werden sie daher einheitlich als Kritikgespräche bezeichnet. Im Folgenden wird der Einfachheit halber ebenso verfahren.

Das Kritikgespräch ist ein Führungsinstrument, das gleich mehrere Funktionen erfüllen kann.

Die Funktionen

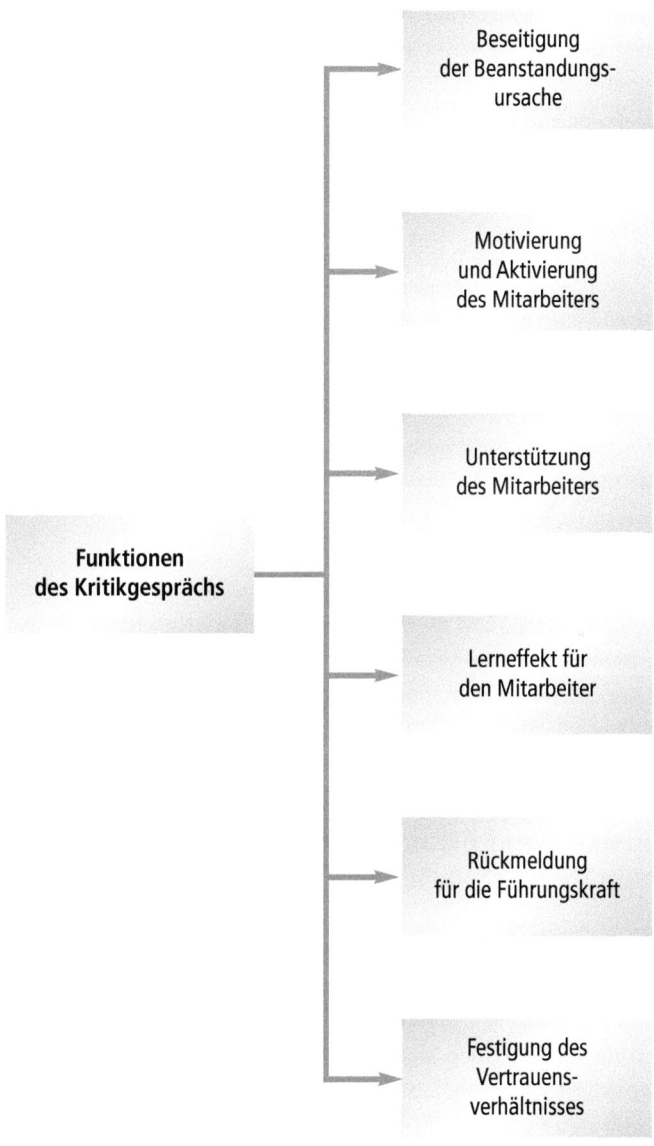

4. Vertrauensfördernde und aufbauende Kritik

Es hängt vom Geschick der Führungskraft ab, inwieweit es ihr gelingt, diese unterschiedlichen Aspekte in Einklang zu bringen. Schließlich geht es bei der Beanstandungsursache zwangsläufig um einen den Mitarbeiter direkt betreffenden negativen Sachverhalt, und es sollen bei ihm dennoch positive Gefühle geweckt werden. Trotz der Kritik soll er nicht nachhaltig enttäuscht und sein Vertrauen nicht beeinträchtigt werden.

> Das Gesprächsverhalten der Führungskraft sollte daher ausgewogen leistungs- und gleichzeitig mitarbeiterorientiert sein.

Empirische Untersuchungen haben bestätigt, dass sich Kritik und auch Anerkennung positiv wie negativ auf die Mitarbeiterleistungen auswirken können, je nachdem in welcher Form sie ausgesprochen werden und in welcher Situation.

> Trotz allen Verständnisses für den Mitarbeiter muss es aber das vorrangige Ziel bleiben, den beanstandenswerten Sachverhalt zu korrigieren.

Risiken und Erfolgsgrundsätze von Kritikgesprächen

Ungeliebt und oft gemieden — Kritikgespräche zählen zu den psychologisch schwierigsten Mitarbeitergesprächen. Sie werden daher von beiden Seiten nicht gerade geliebt und deshalb oft unterlassen. Das führt dann jedoch dazu, dass erkannte Mängel nicht abgestellt werden und man sich im Lauf der Zeit mit ihnen abfindet.

Risiken und Erfolgsgrundsätze von Kritikgesprächen

Im Vergleich zu anderen Mitarbeitergesprächen werden beim Kritikgespräch in besonderem Maß die Selbstwertgefühle des Mitarbeiters berührt. Geht es doch in jedem Fall darum, mit ihm über ein mögliches Versagen oder eine Verfehlung zu sprechen – also um etwas Negatives. Es besteht somit stets das Risiko, dass

Gefahr der Eskalation

- es zu unsachlichen Äußerungen kommt,
- der Mitarbeiter enttäuscht und demotiviert wird,
- er sich angegriffen fühlt und mit Gegenangriffen reagiert oder
- das Gespräch insgesamt einen ungewollten Verlauf nimmt.

Eine gute Vorbereitung sowie eine systematische und zweckorientierte Steuerung sind daher bei dieser Art von Mitarbeitergesprächen besonders wichtig.

Als Gesprächsführer sollte man sorgsam darauf achten, dass man nicht bewertet – geschweige denn beschuldigt –, ehe der Sachverhalt hinreichend geklärt ist.

Objektivität wahren

Wichtiger Grundsatz: erst klären – dann bewerten!

Missachtet man diese Regel, kann es einem passieren, dass sich im Laufe des Gesprächs ein Missverständnis oder eine Falschinformation herausstellt und sich die Beanstandung als gegenstandslos erweist. Die Anstandsregeln verlangen es dann, dass man sich beim Mitarbeiter für die ungerechtfertigten Vorwürfe entschuldigt!

Aber auch wenn sich die Beanstandung als zutreffend herausstellt, rechtfertigt dies kein unhöfliches oder unfaires Gesprächsverhalten.

4. Vertrauensfördernde und aufbauende Kritik

Trotz Kritik: keine harten, aber klare Worte!

Unbeherrschtes Vorgesetztenverhalten
Nicht selten jedoch führen Vorgesetzte Kritikgespräche in erster Linie, um ihren eigenen Ärger loszuwerden. Gespräche dieser Art verlaufen zwangsläufig in einer aggressiven Grundstimmung, bauen auf Vor-Verurteilungen auf und geben dem Mitarbeiter kaum Gelegenheit, sich zu rechtfertigen oder Missverständnisse auszuräumen. Dem Mitarbeiter wird es dann entsprechend schwerfallen, sich mit den Kritikpunkten ernsthaft auseinanderzusetzen und sich den Argumenten und Vorschlägen des Vorgesetzten anzuschließen. Natürlich möchte der Mitarbeiter nicht das Gefühl haben, als Verlierer auf der Strecke geblieben zu sein.

In einem aggressiven Gesprächsklima ist eine von beiden Seiten ehrlich akzeptierte Vereinbarung nicht zu erwarten.

Ergebnisakzeptanz erzielen
Die Akzeptanz des Gesprächsergebnisses durch den Mitarbeiter ist aber die Voraussetzung dafür, dass er ein eventuelles Verschulden ehrlich bedauert und sich in konstruktiver Weise für die Beseitigung des beanstandeten Tatbestands einsetzt. Wenn notwendig, sollte ihm dafür auch Unterstützung angeboten werden.

Hauptziel eines Kritikgesprächs muss die Ursachenbeseitigung sein und nicht die Schuldzuweisung.

Wichtige Gesprächsregeln
Dieses übergeordnete Ziel kann nur erreicht werden, wenn es zu einem freimütigen und objektiven Meinungs- und Informationsaustausch in der Sache kommt. Da es bei einem

Kritikgespräch jedoch stets um ein Fehlverhalten des betreffenden Mitarbeiters geht, lässt es sich nicht verhindern, dass bei ihm negative Gefühle geweckt werden. Wichtig ist, dass die Führungskraft mit den Mitarbeitergefühlen in einer Weise umgeht, dass die notwendige Klärung der Sachfragen dennoch nicht unmöglich wird.

Kritik muss sich auf den zu beanstandenden Tatbestand beschränken und darf nicht auf die Person des Mitarbeiters abzielen.

Es geht nicht darum, auf die Persönlichkeit des Mitarbeiters einzuwirken, sondern lediglich auf seine Arbeitsleistungen oder sein Arbeitsverhalten.

Jeder reagiert besonders empfindlich, wenn im Beisein Dritter auf verschuldete Fehler hingewiesen wird. Das Versagen wird dann sozusagen öffentlich gemacht, man fühlt sich vor anderen bloßgestellt und fürchtet um sein Ansehen.

Ein Kritikgespräch sollte grundsätzlich unter vier Augen geführt werden.

Die Anwesenheit anderer erschwert einen offenen und sachorientierten Gesprächsverlauf. Vom Grundsatz des Zweiergesprächs sollte nur abgewichen werden, wenn
- der Mitarbeiter selbst die Anwesenheit eines Dritten (z. B. eines Betriebsratsmitglieds) wünscht,
- zur Klärung des Sachverhalts das Hinzuziehen einer weiteren Person zwingend erforderlich ist oder
- eine Beanstandung mehrere Mitarbeiter gleichermaßen betrifft.

4. Vertrauensfördernde und aufbauende Kritik

Folgen gescheiterter Gespräche

Der schlechteste Ausgang eines Kritikgesprächs ist, wenn es in einer derart feindseligen Atmosphäre verlaufen ist, dass der Mitarbeiter mit dem Gefühl hinausgeht, er habe sich die Sympathien und das Vertrauen seines Vorgesetzten für alle Zeiten verscherzt. Dass er zu dem Schluss kommt, in diesem Betrieb bzw. dieser Abteilung keinerlei Aufstiegschancen mehr zu bekommen und keine konfliktfreie Zusammenarbeit mehr erwarten zu können. In einem solchen Fall hat das Gespräch keinen Nutzen gebracht, sondern war sogar schädlich: Der Vorgesetzte hat den Mitarbeiter verloren – er ist in die sogenannte innere Kündigung geflüchtet. Dazu darf es natürlich unter keinen Umständen kommen!

> **Ein Kritikgespräch muss für den Mitarbeiter hilfreich sein. Es soll ihn aufbauen und nicht demotivieren.**

Vertrauen erweckendes Gesprächsverhalten

Erschwerender Statusunterschied

Zur Brisanz des Gesprächsthemas kommt erschwerend die hierarchische Distanz zwischen dem Vorgesetzten und seinem Mitarbeiter hinzu. Dieser Statusunterschied ist üblicherweise gegeben durch:
- die höheren Machtbefugnisse des Vorgesetzten,
- dessen Informationsvorsprung sowie
- seine ganzheitlichere Berufs- und Unternehmenserfahrung.

Bildhaft gesprochen befindet sich somit der Vorgesetzte auf einem höheren Podest und der Mitarbeiter auf einem niedrigeren, was leicht Gefühle der Über- und Unterlegenheit aufkommen lässt.

Vertrauen erweckendes Gesprächsverhalten

Überlegenheitsgefühl   Unterlegenheitsgefühl

Für den Mitarbeiter ist das verständlicherweise eine unerfreuliche Situation. Wer möchte sich schon einem Gesprächspartner gegenüber als der Schwächere fühlen?

> Es ist unerheblich, inwieweit die Niveauunterschiede tatsächlich gegeben sind, sondern es zählt alleine die gefühlte Distanz.

Für den Erfolg eines Kritikgesprächs ist aber eine partnerschaftliche und vertrauensvolle Gesprächsatmosphäre eine wichtige Voraussetzung: Nur wenn es dem Vorgesetzten gelingt, die wahre Ursache für den beanstandeten Tatbestand zu erfahren, kann eine sachgerechte und für beide Seiten akzeptable Lösung gefunden und können realistische Vereinbarungen getroffen werden. Häufig genug aber ist dem

Wichtige Erfolgsvoraussetzung: Mitarbeitervertrauen

4. Vertrauensfördernde und aufbauende Kritik

Mitarbeiter der Grund seines Fehlverhaltens peinlich oder er befürchtet gravierende Konsequenzen, sodass er zunächst versuchen wird, den Vorfall herunterzuspielen oder sogar zu leugnen.

> **Um die wahren Fehlerursachen herauszubekommen, ist der Vorgesetzte auf die Ehrlichkeit und Kooperationsbereitschaft des Mitarbeiters angewiesen.**

Inwieweit in einer Organisation die Mitarbeitergespräche – welcher Art auch immer – überwiegend aggressionsfrei und konstruktiv abzulaufen pflegen, ist in entscheidendem Maß vom Vertrauensverhältnis zwischen Führungskräften und Mitarbeitern abhängig.

Untaugliche Strategie der Stärke

Also muss es das Anliegen des Vorgesetzten sein, die trennende Distanz zu überbrücken und das Vertrauen des Mitarbeiters zu gewinnen. Von seinem eigenen Gesprächsverhalten hängt es ab, ob die gefühlte Distanz größer oder kleiner wird. Oftmals jedoch verfolgen Vorgesetzte gerade im Kritikgespräch die genau entgegengesetzte Strategie. Aus Unsicherheit in der Sache oder Furcht vor unbequemem Widerspruch oder vor Gegenangriffen des Mitarbeiters versuchen sie, gleich von Anfang an klarzustellen, wer der Chef im Ring ist, und demonstrieren ihre Machtmittel:

- Verzicht auf höfliche Begrüßung
- Mitarbeiter stehen lassen oder den Rang betonende Sitzposition
- laute Stimme, ärgerlicher Gesichtsausdruck
- einseitige Tatsachenbehauptungen
- sofortige, ungeprüfte Schuldzuweisung
- Androhen von Konsequenzen bei Uneinsichtigkeit

Diese Machtdemonstration wird vom Mitarbeiter natürlicherweise als Bedrohung empfunden. Es verletzt seine Selbstwertgefühle und er sieht sein Ansehen sowie seine Position im Arbeitsumfeld gefährdet. Hinzu kommt, dass er sich wegen des zu besprechenden negativen Sachverhalts ohnehin in der Defensive befindet.

In eine derart unangenehme Lage gebracht, wird der Mitarbeiter bestrebt sein, sich möglichst schnell aus ihr wieder zu befreien. Je nach Situation und persönlicher Mentalität kann das zu unterschiedlichen Reaktionen führen: Gegenangriff oder Verweigerung. **Erschwerende Mitarbeiterreaktion**

Als eine der Reaktionsmöglichkeiten setzt der Mitarbeiter alles daran, die empfundenen Machtunterschiede auszugleichen oder sogar umzukehren. Er versucht, durch deutliches Herausstellen seiner Fähigkeiten, Rechthaberei oder sogar aggressives Verhalten sich selbst „größer" erscheinen zu lassen. Oder aber er bemüht sich, das Ansehen des Vorgesetzten zu schmälern, ihn „kleiner" zu machen, beispielsweise durch Infragestellen seiner Fachkompetenz oder ironische, herabsetzende Bemerkungen. **Gegenangriff des Mitarbeiters**

Oder der kritisierte Mitarbeiter zieht sich innerlich aus dem Gespräch zurück und reagiert mit Passivität, trotziger Ablehnung oder Resignation. Und er wird versuchen, das Gespräch so schnell wie möglich zu beenden. **Verweigerung des Mitarbeiters**

Beide Verhaltensarten entspringen unserem ererbten Stressmechanismus. Entwicklungsgeschichtlich bedingt reagiert jeder normal geartete Mensch bei Gefahr nach folgendem Verhaltensmuster: **Naturgegebene Mechanismen**

4. Vertrauensfördernde und aufbauende Kritik

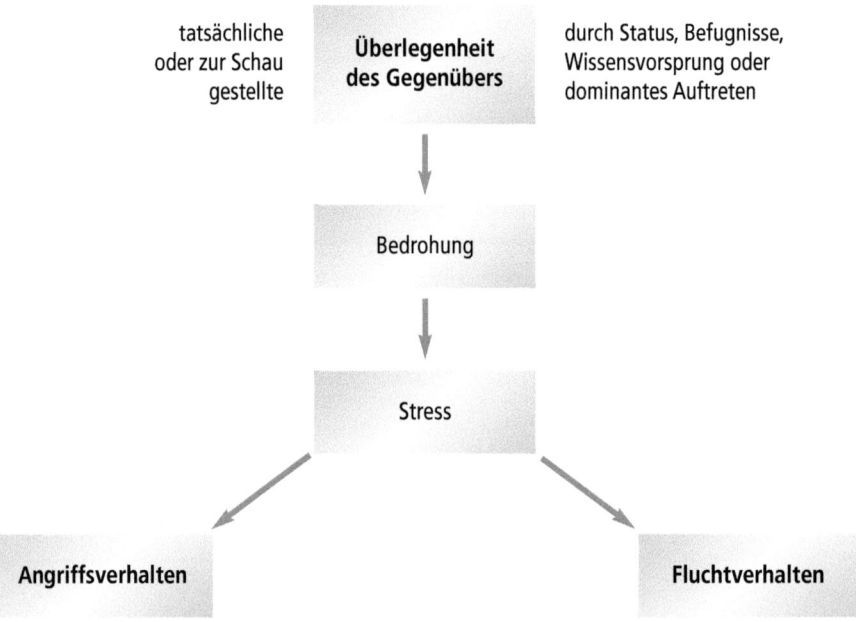

Beide Reaktionen – sowohl Angriff als auch Flucht – stehen einem partnerschaftlichen Gespräch im Weg und müssen vermieden werden. Solange ein Gefühl der Ungleichwertigkeit vorherrscht, ist ein verständnisvoller Austausch in der Sache erschwert.

> **Will der Vorgesetzte einen konstruktiven Gesprächsverlauf, dann sollte er keine Überlegenheit demonstrieren, sondern sich auf eine partnerschaftliche Gesprächsebene begeben.**

Gleichwertigkeit signalisieren Er sollte die Rang- und Machtunterschiede (optisch) abbauen und sich dem zu kritisierenden Mitarbeiter als gleichwertiger Partner zeigen.

Vertrauen erweckendes Gesprächsverhalten

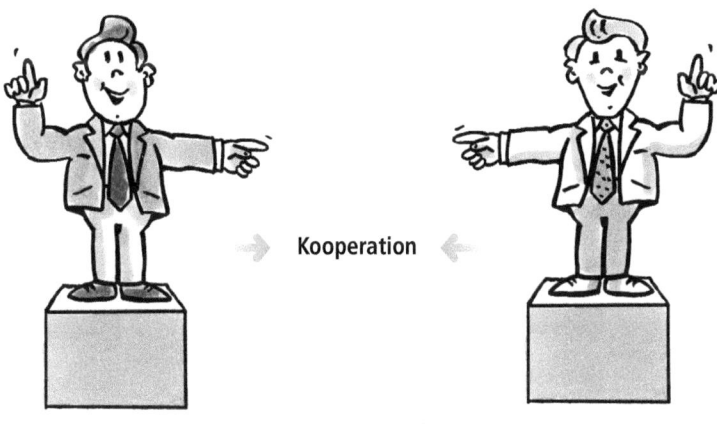

Kooperation

Gleichwertigkeitsgefühl

Dabei helfen die nachstehend aufgeführten Verhaltensweisen:
- menschliche Wertschätzung zeigen
- höflich, freundlich und fair sein
- mit Namen ansprechen
- auf Sprache und Kenntnisniveau des anderen eingehen
- eher fragen als behaupten
- aufmerksam zuhören
- befehlende Formulierungen wie „sollen" oder „müssen" vermeiden

Sich als Führungskraft in dieser Weise zu verhalten, ist keine mangelnde Standhaftigkeit und kein Aufgeben der formalen Vorgesetztenfunktion.

> **Sich partnerschaftlich zu verhalten, ist kein Zeichen von Schwäche, sondern zeugt von persönlicher Souveränität.**

4. Vertrauensfördernde und aufbauende Kritik

Sorgfältige Gesprächsvorbereitung

> Weil Kritikgespräche besonders konflikttächtig sind, sollte man sich zuvor sorgfältig vorbereiten.

Im Vorfeld hat man meist noch die Muße und die emotionale Distanz, um sich eine sach-, aber auch mitarbeitergerechte Vorgehensweise zu überlegen. Für eine umfassende Vorbereitung können folgende Punkte relevant sein:

Inhaltliche Vorbereitung
- **Ausgangslage:** Art, Zeitpunkt und Auswirkungen des Beanstandungstatbestands, Beteiligte und Informanten
- **Gesprächsziele:** Maximal- und Minimalziel, Grob- und Feinziele, Unternehmens- und Arbeitsziele, persönliche Zielsetzungen, vermutliche Mitarbeitererwartungen
- **Kenntnisstand:** eigene Wahrnehmungen zur Beanstandung, Informationen durch andere, Qualität der Informationen
- **Mitarbeiteraufgaben:** Aufgabengebiet des Mitarbeiters, frühere und aktuelle Arbeitsaufträge, Sonderaufträge und soziales Engagement, besondere Vorkommnisse der letzten Zeit
- **Mitarbeiterpersönlichkeit:** Mentalität, Eigenheiten und Fähigkeiten, Leistungs- und Sozialverhalten, berufliche Laufbahn und betriebliche Vergangenheit, besondere Interessengebiete und Hobbys, problemrelevante Einflüsse des Privatlebens, zu erwartende Gefühlslage des Mitarbeiters
- **eigene Situation:** Interessenlage und Verantwortlichkeit, bindende Unternehmensvorgaben, Beziehung zum Mitarbeiter, eigene Stimmungslage (Betroffenheit, Verärgerung)

- **Gesprächsstrategie:** eigene Argumente und Vorschläge, zu erwartende Argumente, Einwände oder Vorschläge des Mitarbeiters, Gliederung des Gesprächs

Logistische Vorbereitung
- **Termin:** zeitlich sinnvollen Abstand zum Anlass wählen (emotionaler Abstand, aber noch aktueller Sachbezug), geschätzte Dauer (keine Einengung durch andere Termine), Gesprächsausweitung auf Unvorhergesehenes einkalkulieren
- **Einladung:** rechtzeitige Ankündigung, Termin, Ort und Thema, erforderliche Vorarbeiten, mitzubringende Unterlagen
- **Raum:** für Zweiergespräch geeigneter Raum, Störungsfreiheit (Lärm, Besucher, Telefonate)
- **Sitzposition:** partnerschaftliche Sitzordnung (möglichst ohne Schreibtischbarriere), dennoch angemessener Abstand (mindestens Armlänge), gleiche Augenhöhe
- **Bewirtung:** Heiß- und/oder Kaltgetränk, eventuell Gebäck
- **Sachmittel:** Gesprächsleitfaden, schriftliche Belege, Terminkalender

> Es wäre fahrlässig, die Chance der Vorbereitung auf ein Kritikgespräch ungenutzt zu lassen.

Ziel- und partnerorientierter Gesprächsaufbau

Die zielorientierte und folgerichtige Struktur des Gesprächs ist eine wichtige Voraussetzung für einen sachlichen und konstruktiven Verlauf.

4. Vertrauensfördernde und aufbauende Kritik

> Gelingt es dem Vorgesetzten, die im Folgenden geschilderte Art und Reihenfolge einzuhalten, hat er beste Chancen, trotz noch so unerfreulichen Anlasses eine tragfähige Vereinbarung mit dem Mitarbeiter zu erreichen.

Die drei obersten Regeln für ein zweckdienliches Kritikgespräch sind:
- Erst klären, dann bewerten!
- Ursachenbeseitigung geht vor Schuldfrage!
- Auch ein ärgerlicher Vorfall rechtfertigt kein unhöfliches oder unfaires Verhalten!

1. Eröffnung
- höflich begrüßen, Platz anbieten
- keine Verärgerung zeigen, angemessen freundlich sein
- entspannenden Einstieg wählen (aber nicht überziehen)
- Gesprächsart und -ziel unbefangen benennen
- für Freimütigkeit und konstruktiven Verlauf plädieren

2. Beanstandung
- Sachverhalt aus eigener Sicht wertfrei schildern
- Selbstbeobachtetes und Zugetragenes trennen
- Kritikpunkte sachlich und ohne Umschweife darlegen
- keine Verallgemeinerungen, keine Vorverurteilungen
- Problemausmaß und -folgen beschreiben

3. Stellungnahme
- Mitarbeiter zu freimütiger Stellungnahme auffordern
- Gründe für gegebenen Sachverhalt erfragen
- aufmerksam zuhören, eventuell Notizen machen
- Unklares, Lückenhaftes oder Unlogisches klären lassen
- Privat-/Intimsphäre respektieren, Diskretion zusichern

4. Bewertung
- Soll- und Ist-Zustand beschreiben und gegenüberstellen
- Unternehmens- und Mitarbeiterbelange abwägen
- nur Arbeiten und Verhalten bewerten, nicht Persönlichkeit
- keine harten Worte, aber in der Sache klare Sprache
- wenn Beanstandung haltlos, Gespräch hier beenden

5. Vereinbarung
- Mitarbeiter um eigene Lösungsvorschläge bitten
- eventuell ergänzende oder Alternativvorschläge machen
- positive Mitarbeitervorsätze ausdrücklich anerkennen
- Mut machen, erforderlichenfalls Hilfe zusagen
- Kontrollabsprachen treffen (was, wann, wie)

6. Abschluss
- beiderseitigen Gesprächsnutzen würdigen
- Rat und Unterstützung bei Problemen anbieten
- konstruktive Mitwirkung des Mitarbeiters anerkennen
- positive Erwartungen an die künftige Arbeit äußern
- Mitarbeiter höflich und freundlich verabschieden

Fallbeispiel

Das nachstehende Fallbeispiel verdeutlicht, wie wichtig beim Kritikgespräch eine folgerichtige Vorgehensweise ist.

Die Reihenfolge ist eminent wichtig

Der Chef einer kleinen Maschinenfabrik bemerkt eines Montagmorgens beim Blick aus dem Fenster, dass einer der Mitarbeiter kurz vor 9 Uhr gemächlich über den Fabrikhof schlendernd zur Arbeit kommt. Genereller Arbeitsbeginn in der Firma ist jedoch um 8 Uhr. Als dem Chef einfällt, dass er auch am letzten Montag eine beträchtliche Verspätung des Mitarbeiters beobachtet hatte, kommt bei ihm verständlicher Ärger auf und er lässt den Mitarbeiter zu sich rufen.

Er macht ihm energische Vorwürfe und hält ihm vor Augen, welche wirtschaftlichen Auswirkungen es für die Firma hätte,

4. Vertrauensfördernde und aufbauende Kritik

wenn sich auch die anderen Kollegen diese Disziplinlosigkeit herausnehmen würden. Der Chef äußert die Vermutung, dass der Mitarbeiter seine Wochenenden wohl für anstrengende Hobbys oder Privatarbeiten nutze, statt sich zu erholen. Schließlich entlässt er ihn mit folgenden Worten: „Herr Neumann, wenn ich Sie noch einmal bei einer derartigen Verspätung erwische, dann können Sie was erleben! Und nun gehen Sie wieder an Ihre Arbeit!"

Der Mitarbeiter guckt den Vorgesetzten entgeistert an und erwidert: „Ich verstehe Ihre Aufregung nicht! Mein Gruppenleiter hatte mich doch vor zwei Wochen gebeten, montags vor der Arbeit bei der Lichtpauserei in meinem Wohnbezirk vorbeizufahren, um die Zeichnungspausen für uns abzuholen. Wie Sie wissen, ist doch unser Fahrer erkrankt. Natürlich komme ich dann dementsprechend später zur Firma!"

Missliche Lage des Vorgesetzten
Eine für den Vorgesetzten natürlich peinliche Situation! Als zivilisierter Mensch müsste er, nachdem er zuvor den starken Mann gespielt hatte, sich jetzt beim Mitarbeiter für sein Verhalten entschuldigen! Diese Konsequenz erfordert jedoch ein gesundes Selbstbewusstsein und echte Souveränität. Gerade aber cholerischen Vorgesetzten mangelt es häufig daran. Sie versuchen dann, durch zusätzliche Machtdemonstration und Ausweichen auf andere Kritikpunkte ihr Gesicht zu wahren. Im geschilderten Beispielsfall könnte das folgendermaßen ablaufen:

„Das hatte Ihr Gruppenleiter überhaupt nicht mit mir abgesprochen! Na, den werde ich mir auch noch vorknöpfen! Aber weil Sie nun mal gerade hier sind: In Ihrem Wochenbericht sind auch noch einige Ungereimtheiten, über die ich mit Ihnen sprechen wollte."

Ziel- und partnerorientierter Gesprächsaufbau

Und natürlich wird er dann ein Haar in der Suppe finden …

Derartige Rechtfertigungsversuche sind jedoch völlig ungeeignet, die eigene Autorität zu retten. Natürlich durchschaut der Mitarbeiter das Verhalten, und der Vorgesetzte verliert den letzten Rest seines Ansehens und seiner Glaubwürdigkeit. Das Vertrauensverhältnis zum Mitarbeiter nimmt erheblichen Schaden. Die einzige Möglichkeit, den Autoritätsverlust in Grenzen zu halten, besteht für den Vorgesetzten darin, die vorschnelle Kritik unumwunden einzugestehen und sich tatsächlich für sein Verhalten zu entschuldigen.

Doch dazu muss es gar nicht erst kommen, wenn man sich an die wichtige Regel hält, erst zu bewerten, wenn die Sachlage geklärt ist, nämlich nachdem sich auch der Mitarbeiter zum Beanstandungspunkt ausreichend hat äußern können. Das ist vergleichbar mit dem bewährten Vorgehen bei Gericht: Zunächst trägt der Staatsanwalt den Anklagepunkt vor, dann erhalten der Angeklagte und sein Verteidiger die Gelegenheit, dazu Stellung zu nehmen, und erst dann setzt sich der Richter seine Kappe auf und verkündet das Urteil. Ähnlich sollte ein Kritikgespräch ablaufen. Allerdings besteht hierbei die Schwierigkeit, dass der Vorgesetzte in Personalunion gleichzeitig Ankläger und Richter ist. Er muss also sorgsam darauf achten, nicht vorschnell in die Rolle des Richters zu schlüpfen. Andernfalls riskiert er ein Fehlurteil, das er später revidieren muss!

Bewährtes Vorgehen wie bei Gericht

> **Merkt es der Mitarbeiter, dass man ihm nicht schaden, sondern helfen will, wird auch ein Kritikgespräch das Vertrauen nicht erschüttern, sondern es eher wachsen lassen.**

5. Ein Wort zum Schluss

„Vertrauen ist ein Geschenk, das selbst dem Gauner auf die Dauer aufs Gewissen schlägt."

EMIL BASCHNONGA, SCHRIFTSTELLER

Vertrauen – wichtiges Zukunftsthema unserer Gesellschaft

Noch immer wird dem Thema „Vertrauen" sowohl in der Managementlehre als auch in der Unternehmenspraxis nicht die notwendige Beachtung geschenkt.

Zwar wird der Mangel an Vertrauen mittlerweile allenthalben und immer häufiger als Auslöser vieler unserer aktuellen Gesellschaftsprobleme beklagt. Politiker, Wissenschaftler, Unternehmer, Gewerkschafter haben sich in vielen wohlklingenden Reden damit auseinandergesetzt und eine Besinnung auf traditionelle Werte gefordert. Dennoch muss man den Eindruck gewinnen, dass weder in der Politik noch in der Unternehmenswirklichkeit ernsthaft etwas gegen die Ursachen des eklatanten Vertrauensschwunds der letzten Jahrzehnte unternommen wird. Vielmehr scheint es, dass man das Problem als zwar bedauerliche, aber schicksalhafte Fehlentwicklung hinnimmt.

Vertrauen – wichtiges Zukunftsthema unserer Gesellschaft

Wenn schon die große Politik keine Trendwende zustande bringt, sollte zumindest am Arbeitsplatz das allgemeine Vertrauensklima wieder verbessert werden. Dieser für die meisten Menschen maßgebende Lebensbereich ist die Quelle vieler Folgeprobleme unserer Zeit:

Trendwende gefragt

- mangelnde Verantwortungsbereitschaft,
- Leistungsverweigerungen,
- resignative und depressive Verhaltensweisen,
- Abdriften in fragwürdige Ersatzbefriedigungen,
- Zunahme seelischer und körperlicher Erkrankungen

und vieles mehr.

Ein gesundes Vertrauensverhältnis zu seinen Mitarbeitern aufzubauen gebietet die Fürsorgepflicht einer jeden Führungskraft und hilft, der Entmenschlichung der Arbeitsprozesse entgegenzuwirken.

Aber auch aus Eigeninteresse sollte man als Führungskraft danach streben, eine derartige Zusammenarbeitsbasis zu schaffen: Ist es einem erst einmal gelungen, das Vertrauen seiner Mitarbeiter zu gewinnen, kann man auch unter den heutzutage schwierigen Bedingungen persönliche Erfüllung in der Führungsaufgabe finden. Kann die Führungsarbeit zu beglückenden Erfolgserlebnissen und bereichernden menschlichen Beziehungen verhelfen.

Vertrauen ist der Schlüssel zum Führungs- und Unternehmenserfolg.

In einem Klima gegenseitigen Vertrauens ist der weitaus größte Teil der Mitarbeiter durchaus willens, sich verantwortungsvoll und nach besten Kräften für ihre Arbeitsauf-

5. Ein Wort zum Schluss

gaben einzusetzen. Dann lassen die Mitarbeiter auch in Krisensituationen oder bei erschwerten Arbeitsbedingungen ihre Vorgesetzten und das Unternehmen nicht im Stich.

Zweifellos ist es nicht leicht, im eigenen Führungsbereich ein Klima des Vertrauens wachsen zu lassen, wenn die allgemeine Vertrauenskultur des Unternehmens zu wünschen übrig lässt – was heutzutage leider immer häufiger der Fall ist.

Dennoch liegt es an einem selbst, inwieweit man sich und seinen Mitarbeitern einen Hort weitgehender Arbeitszufriedenheit und Harmonie schafft.

Ergänzende Literatur

Albs, Norbert: *Wie man Mitarbeiter motiviert*, Cornelsen Verlag, Berlin, 2005

Brandes, Dieter: *Alles unter Kontrolle*, Campus Verlag, Frankfurt am Main, 2004

Brinkmann, Ralf D. & Stapf, Kurt H.: *Innere Kündigung*, Verlag C. H. Beck, München, 2003

Erikson, Erik H.: *Identität und Lebenszyklus*, Suhrkamp Verlag, Frankfurt am Main, 2005

Fröhlich, Peter: *Kritisieren – aber richtig*, Verlag Neuer Merkur, München, 2003

Händeler, Erik: *Die Geschichte der Zukunft*, Econ Verlag, München, 2003

Höhler, Gertrud: *Warum Vertrauen siegt*, Econ Verlag, München, 2003

Kiefer, Tina & Müller, Werner R. & Eicken, Sabine: *Befindlichkeit in der Chemischen Industrie*, Wirtschaftswissenschaftliches Zentrum der Universität Basel, 2001

Kießling-Sonntag, Jochem: *Handbuch Mitarbeiter-Gespräche*, Cornelsen Verlag, Berlin, 2000

Kießling-Sonntag, Jochem: *Zielvereinbarungsgespräche*, Cornelsen Verlag, Berlin, 2002

Ergänzende Literatur

Kirschner, Josef: *Manipulieren – aber richtig*, Knaur Verlag, München, 1999

Kohlmann-Scheerer, Dagmar: *Gestern Kollege – heute Vorgesetzter*, GABAL Verlag, Offenbach, 2004

Kratz, Hans-Jürgen: *Chef-Checkliste Mitarbeiterführung*, Metropolitan Verlag, Düsseldorf, 2003

Kratz, Hans-Jürgen: *Delegieren – aber wie?* GABAL Verlag, Offenbach, 1999

Kratz, Hans-Jürgen: *Kontrollieren – aber wie?* GABAL Verlag, Offenbach, 2000

Laufer, Hartmut: *99 Tipps für den erfolgreichen Führungsalltag*, Cornelsen Verlag, Berlin, 2006

Laufer, Hartmut: *Grundlagen erfolgreicher Mitarbeiterführung*, GABAL Verlag, Offenbach, 2006

Lehky, Maren: *Mitarbeitergespräche sicher und kompetent führen*, Eichborn Verlag, Frankfurt am Main, 2003

Luhmann, Niklas: *Vertrauen*, Lucius & Lucius Verlagsgesellschaft, Stuttgart, 2000

Meier, Jürg: *Erfolgreiche Führungsgespräche*, GABAL Verlag, Offenbach, 2004

Mentzel, Wolfgang: *Mitarbeitergespräche*, Haufe Verlag, Planegg/München, 2002

Neubauer, Walter & Rosemann, Bernhard: *Führung, Macht und Vertrauen in Organisationen*, Verlag W. Kohlhammer, Stuttgart, 2006

Neuberger, Oswald: *Das Mitarbeitergespräch*, Rosenberger Fachverlag, Leonberg, 2001

Niederhaus, Caroline B.: *Interne Kommunikation*, Business Village, Göttingen, 2004

Panse, Winfried & Stegmann, Wolfgang: *Kostenfaktor Angst*, Verlag Moderne Industrie, Landsberg a. Lech, 1996

Panse, Winfried & Stegmann, Wolfgang: *Angst – Macht – Erfolg*, Volk Verlag, München, 2004

Reinke-Dieker, Heinrich: *Fordern und Fördern*, GABAL Verlag, Offenbach, 2002

Rischar, Klaus: *Schwierige Mitarbeitergespräche*, Feldhaus Verlag, Hamburg, 2005

Schmitz, Lilo & Billen, Birgit: *Mitarbeitergespräche*, Verlag Moderne Industrie, München, 2002

Schulz v. Thun, Friedemann & Ruppel, Johannes & Stratmann, Roswitha: *Miteinander reden: Kommunikationspsychologie für Führungskräfte*, Rowohlt Verlag, Reinbek b. Hamburg, 2000

Seifert, Matthias: *Vertrauensmanagement in Unternehmen*, Rainer Hampp Verlag, München, 2003

Sender, Ursula: *Führen mit Lob und Kritik*, Verlag Die Wirtschaft, Berlin, 1993

Sprenger, Reinhard K.: *Vertrauen führt*, Campus Verlag, Frankfurt am Main, 2002

Ergänzende Literatur

Unger, Stefanie (Hrsg.): *Vertrauen ist gut…*, Frankfurter Allgemeine Buch, Frankfurt am Main, 2003

Vogelsang, Gregor & Burger, Christian: *Werte schaffen Wert*, Econ Verlag, München, 2004

Stichwörter

Abmachung 74
Anerkennung 54, 68, 120
Anforderungsniveau 64
Anforderungsprofil 21
Angriffsverhalten 128
Angst 24, 25, 26, 28, 97
Anordnen 69
Arbeitnehmerrechte 12
Arbeitsbedingungen 41, 56, 138
Arbeitsergebnisse 51, 68, 105
Arbeitsgewohnheiten 18, 21
Arbeitshaltung 20, 21, 25
Arbeitsklima 54, 86, 91
Arbeitsleistung 12, 123
Arbeitsmittel 99, 114
Arbeitsplatzmangel 23
Arbeitsplatzverlust 16, 23, 24, 25, 26
Arbeitsverhalten 101, 123
Arbeitsziel 56, 65, 66, 69, 70, 73, 99, 101, 114
Arbeitszufriedenheit 24, 53, 59, 107, 112
Aufgabenerfüllung 79
Authentizität 44, 94
Autorität 56
Autoritätsverlust 135

Betriebsfrieden 51
Beurteilung 72, 74, 104
Beurteilungsgespräch 72

Delegieren 53, 76, 80, 81, 82
Demotivation 114
Demotivationsrisiko 108
Diskretion 56, 132
Durchführungskontrolle 107

Egoismus 64, 90, 96
Ehrlichkeit 20, 40
Eigeninitiative 112
Eigenverantwortung 69
Eitelkeit 96
Engagement 23, 41, 46, 86, 101
Entfremdung 96
Entlassung 17, 27
Entlohnung 104
Entscheidungsdelegation 80
Entscheidungsfähigkeit 78
Entscheidungsverantwortung 81, 82
Enttäuschung 33, 95, 98
Erfolgserlebnisse 38
Ergebnisakzeptanz 122

Stichwörter

Ergebniskontrolle 58
Existenzangst 33

Falschinformation 121
Fehlerhäufigkeit 109
Fehlerkultur 110, 111, 114
Fehlerminimierung 108
Fehlerrisiko 82
Fehlverhalten 113, 123
Fluchtverhalten 128
Fördergespräch 71, 72
Fremdkontrolle 107
Führungsaufgabe 43, 51, 56
Führungsauftrag 92
Führungserfolg 19, 91
Führungsinstrument 7, 59, 119
Führungskonzept 53, 69
Führungskultur 21, 22, 54, 115
Führungsmodell 12
Führungspersönlichkeit 55
Führungsstil 53, 55, 69, 87
Führungsverantwortung 58, 85
Fürsorgepflicht 92

Gerüchteküche 60
Gesamtverantwortung 99
Gesprächsklima 73
Gesprächsverhalten 121, 126
Gesprächsverlauf 73, 123
Gesprächsvorbereitung 73, 130

Gesprächsziel 73, 130
Glaubwürdigkeit 19, 44, 96, 98, 135
Gradlinigkeit 44

Handlungsspielraum 87
Höflichkeit 20

Identifikation 70, 98
Indiskretionen 94
Informationsbedürfnis 60
Informationsmangel 60
Informationspolitik 61
Inkompetenz 96
Inkonsequenz 98

Jahresgespräch 72

Kommunikation 59, 60, 98
Kommunikationsbedürfnis 59
Kommunikationsverhalten 44
Konflikt 35
Konfrontation 117
Kontrollablauf 105
Kontrollabsprache 133
Kontrollarten 106, 108
Kontrollaufwand 108
Kontrollinhalt 106
Kontrollintensität 106
Kontrollmaßnahme 101, 103, 105, 108
Kontrollträger 106
Kontrollverfahren 109, 110
Kontrollziel 105

Kreativität 78
Krisensituation 7, 138
Krisenzeiten 46
Kritikgespräch 103, 118, 120, 123, 124, 126, 132
Kritikpunkte 122, 132, 134
Kündigung, innere 24
Kündigungsschutz 24

Leistungsbereitschaft 53, 86, 91, 101
Leistungsniveau 23, 64
Leistungspotenzial 97
Leistungsvermögen 64
Leistungswille 25
Lob 38, 57, 64
Loyalität 43

Machtausübung 11, 86
Machtdemonstration 134
Machtmittel 11, 12, 86, 126
Machtunterschiede 127, 128
Machtverhältnisse 12
Management by Objectives 69, 70
Management-by-Konzepte 53
Managerverhalten 98
Manipulation 35, 90, 92
Misserfolg 38, 64, 80
Misstrauen 31, 35, 36, 46, 50, 52, 54, 55, 74, 95, 103
Misstrauensbeweis 101
Missverständnis 121

Mitarbeiterbelang 133
Mitarbeitererwartungen 42
Mitarbeitergespräch 72
Mitarbeiterkontrolle 7, 109, 117
Mitarbeiterkritik 7
Mitarbeiterpflichten 51
Mitarbeiterverhalten 23, 52
Mitarbeitervertrauen 7, 28, 45, 97
Mitarbeiterzufriedenheit 91
Motivationsfaktor 64
Motivationsproblem 117
Motivierungsgespräch 118

Opportunismus 96
Ordnungsliebe 20
Organisationsänderung 18

Partnerschaftsgefühl 35
Passivität 127
Personalabbau 22
Personalentwicklung 101
Persönlichkeitsbewertung 118
Persönlichkeitseigenschaften 20
Pflichtgefühl 13
Produktivität 24
Pünktlichkeit 20

Qualifikation 71
Qualitätsoptimierung 112

Stichwörter

Qualitätssteigerung 113
Relativziel 68
Resignation 112, 127
Risikobereitschaft 38, 47, 77

Sachzielgespräch 71
Schikane 63, 110
Schuldfrage 105, 114, 132
Schuldzuweisung 36, 126
Selbstkontrolle 109
Selbstständigkeit 78
Selbstvertrauen 37, 38, 69
Selbstwertgefühl 72
Sicherheitsbedürfnis 18, 49
Stressmechanismus 127

Tadel 116
Täuschung 19, 35
Total-Quality-Managements 112

Überforderung 51, 91
Überlegenheit 124
Überwachung 47
Überzeugung 86, 87
Umorganisation 18, 94
Unternehmenskultur 55
Unaufrichtigkeit 94
Unehrlichkeit 96, 98
Uneinsichtigkeit 126
Unglaubwürdigkeit 96
Unselbstständigkeit 77, 112
Unterlegenheit 124
Unternehmensbelange 50
Unternehmenserfolg 30, 48, 56, 59, 90
Unternehmensleitbild 98
Unternehmensvorgaben 130
Unternehmensziele 29, 92
Unterstützung 54, 122, 133
Urvertrauen 33

Verantwortungsbereitschaft 24, 43, 47, 137
Verantwortungsbewusstsein 77
Verantwortungsdelegation 77
Verdächtigung 60
Verleumdung 60
Versprechungen 19, 45, 96, 98
Vertrauen, blindes 16, 35, 37
Vertrauen, spezifisches 33
Vertrauen, strategisches 34, 89
Vertrauensaufbau 49
Vertrauensbasis 50, 56
Vertrauensbegriff 34
Vertrauensbestätigung 31
Vertrauensbeweis 76
Vertrauensbeziehung 89, 92, 94, 101
Vertrauensbildung 32, 49, 50, 51, 82
Vertrauensdefizit 45, 46
Vertrauenseinsatz 89
Vertrauensfundament 83

Vertrauensgeber 37, 89
Vertrauensindex 47
Vertrauenskapital 117
Vertrauensklima 28, 47, 137
Vertrauenskultur 59, 94, 138
Vertrauensmaßnahme 92
Vertrauensmechanismus 89
Vertrauensnehmer 37
Vertrauenspartner 92
Vertrauensschwund 17, 18, 47, 136
Vertrauensskala 48
Vertrauensverhältnis 31, 37, 43, 48, 52, 54, 56, 94, 137
Vertrauensverlust 8, 98 99
Vertrauensvorschuss 32, 34, 35, 37, 50, 83, 89, 91
Vertrauenswirklichkeit 47
Vertrauenswürdigkeit 42, 44
Verunsicherung 17, 18
Verweigerung 84, 137
Vorbildfunktion 56
Vorsicht 36
Vorverurteilung 132

Wertschätzung 55, 129
Wertvorstellungen 13, 44, 88, 98
Widerspruch 11, 47, 83, 84, 85, 126
Willkür 45

Zielakzeptanz 70
Zielbild 67
Zielerreichung 36, 62, 63, 64, 66, 68, 85
Zielfindung 70
Zielformulierung 66, 67, 68, 69, 99
Zielsetzung 65, 69, 94
Zielvereinbarung 61, 63, 70, 71, 73, 74, 82
Zielvereinbarungsgespräch 71, 72, 73
Zielverfehlung 63
Zielverfolgung 63
Zielvorgabe 62, 67, 70, 114
Zielvorstellung 63, 67
Zurechtweisung 84
Zusagen 57, 98
Zusammenarbeit 8, 30, 42, 92, 96, 124
Zuständigkeitsbereich 15, 99
Zuverlässigkeit 40, 50

GABAL

Bücher für Management

Verkäufer Coaching
190 Seiten, gebunden
ISBN 978-3-89749-570-8

Strategischer Verkauf
192 Seiten, gebunden
ISBN 978-3-89749-650-7

Unternehmensführerschein
256 Seiten, gebunden
ISBN 978-3-89749-575-3

Die Umsatz-Maschine
240 Seiten, gebunden
ISBN 978-3-89749-631-6

FOODSPORT®
272 Seiten, gebunden
ISBN 978-3-89749-633-0

Erfolgreich als Sachbuchautor
336 Seiten, gebunden
ISBN 978-3-89749-632-3

Value of Investment
157 Seiten, gebunden
ISBN 978-3-89749-634-7

Die heiligen Kühe und die Wölfe des Wandels
400 Seiten, gebunden
ISBN 978-3-89749-666-8

Das 21. Jahrhundert ist weiblich
270 Seiten, gebunden
ISBN 978-3-89749-667-5

TQS – Total Quality Selling
250 Seiten, gebunden
ISBN 978-3-89749-668-2

Die fünf ZukunftsBrillen
250 Seiten, gebunden
ISBN 978-3-89749-669-9

Was Führungskräfte und Mitarbeiter vom Spitzensport lernen können
192 Seiten, gebunden
ISBN 978-3-89749-653-8

Informationen über weitere Titel unseres Verlagsprogrammes erhalten Sie in Ihrer Buchhandlung, unter **info@gabal-verlag.de** oder **www.gabal-shop.de**.

Business-Bücher für Erfolg und Karriere

Erfolgreiche Teamarbeit
220 Seiten
ISBN 978-3-89749-585-2

Wenn die anderen das Problem sind
218 Seiten
ISBN 978-3-89749-586-9

Methodenkoffer Führung und Zusammenarbeit
350 Seiten
ISBN 978-3-89749-587-6

Methodenkoffer Persönlichkeitsentwicklung
350 Seiten
ISBN 978-3-89749-672-9

Das Leuchtturm-Prinzip
184 Seiten
ISBN 978-3-89749-627-9

Der Omega-Faulpelz
144 Seiten
ISBN 978-3-89749-628-6

Projektmanagement
208 Seiten
ISBN 978-3-89749-629-3

Soft Skills für Young Professionals
648 Seiten
ISBN 978-3-89749-630-9

Vertrauen und Führung
160 Seiten
ISBN 978-3-89749-670-5

5 coole Ideen
140 Seiten
ISBN 978-3-89749-671-2

Small Talk von A bis Z
160 Seiten
ISBN 978-3-89749-673-6

Toolbox Business-Kommunikation
140 Seiten
ISBN 978-3-89749-674-3

Informationen über weitere Titel unseres Verlagsprogrammes erhalten Sie in Ihrer Buchhandlung, unter **info@gabal-verlag.de** oder **www.gabal-shop.de.**

GABAL Karriere-Ratgeber mit Internet-Workshop

mind maps mit
mindmanager®
140 Seiten
ISBN 978-3-89749-675-0

outlook für die praxis
140 Seiten
ISBN 978-3-89749-589-0

einfach besser texten
140 Seiten
ISBN 978-3-89749-590-6

bewerben in
traumbranchen
128 Seiten
ISBN 978-3-89749-553-1

assessment center
160 Seiten
ISBN 978-3-89749-552-4

persönlichkeitsmarketing
128 Seiten
ISBN 978-3-89749-510-4

überzeugen ohne zu
argumentieren
128 Seiten
ISBN 978-3-89749-511-1

die 100%-bewerbung
160 Seiten
ISBN 978-3-89749-462-6

business with
the japanese
128 Seiten
ISBN 978-3-89749-461-9

busiquette –
korrektes verhalten im job
128 Seiten
ISBN 978-3-89749-289-9

sie bekommen nicht, was
sie verdienen, sondern was
sie verhandeln
128 Seiten
ISBN 978-3-89749-177-9

nutzen bieten –
kunden gewinnen
144 Seiten
ISBN 978-3-89749-254-7

Informationen über weitere Titel unseres Verlagsprogrammes
erhalten Sie in Ihrer Buchhandlung, unter **info@gabal-verlag.de**
oder **www.gabal-shop.de**.

 **Günter, der innere Schweinehund**

Günter, der innere Schweinehund
224 Seiten
ISBN 978-3-89749-457-2

Günter, der innere Schweinehund, für Schüler
232 Seiten
Lesealter: ab ca. 10 Jahren
ISBN 978-3-89749-583-8

Günter, der innere Schweinehund, wird Nichtraucher
216 Seiten
ISBN 978-3-89749-625-5

Günter, der innere Schweinehund, wird schlank
216 Seiten
ISBN 978-3-89749-584-5

Günter lernt verkaufen
216 Seiten
ISBN 978-3-89749-501-2

Günter, der innere Schweinehund, lernt flirten
200 Seiten
ISBN 978-3-89749-665-1

Informationen über weitere Titel unseres Verlagsprogrammes erhalten Sie in Ihrer Buchhandlung, unter **info@gabal-verlag.de** oder **www.gabal-shop.de**.

Gesellschaft zur Förderung
Anwendungsorientierter
Betriebswirtschaft und
Aktiver
Lehrmethoden in Hochschule und Praxis e.V.

Was wir Ihnen bieten
- Kontakte zu Unternehmen, Multiplikatoren und Kollegen in Ihrer Region und im GABAL-Netzwerk
- Aktive Mitarbeit an Projekten und Arbeitskreisen
- Mitgliederzeitschrift *impulse*
- Freiabo der Zeitschrift wirtschaft & weiterbildung
- Jährlicher Buchgutschein
- Teilnahme an Veranstaltungen der GABAL und deren Kooperationspartner zu Mitgliederkonditionen

Unsere Ziele
Wir vermitteln **Methoden und Werkzeuge**, um mit Veränderungen kompetent Schritt halten zu können und dabei unternehmerische und persönliche Erfolge zu erzielen. Wir informieren über den aktuellen Stand **anwendungsorientierter Betriebswirtschaft**, fortschrittlichen Managements und menschen- und werteorientierten Führungsverhaltens. Wir gewähren jungen Menschen in Schule, Hochschule und beruflichen Startpositionen **Lebenserfolgshilfen**.

Klicken Sie sich in unser Netzwerk ein!

mailen Sie uns:
info@gabal.de
oder rufen Sie uns an:
06132 / 50 95 90
Besuchen Sie uns im Internet:

www.gabal.de